人道の国・日本を目指して

——難民に寄り添い17年

谷合正明

Masaaki Taniai

第三文明社

ヨルダンのシリア難民キャンプの学校では、
日本から贈られた楽器が使われていた。
教育現場で日本の支援が生きていた
（2015年9月、ヨルダン・ザアタリ難民キャンプ）

【写真】谷合正明 撮影（※印）

現場に駆けつけ、現場から考える政治家でありたい。
2009 年のスマトラ島沖地震の際も、日本の国会議員として
最初に現地入りした（2009 年 10 月、インドネシア）

31万人超の犠牲者を出した
ハイチ地震の被災地を視察
（2010 年 2 月、ハイチ※）

南スーダンのジュバの子どもたち。
自衛隊が派遣される前に現地を調査
（2005 年 11 月、南スーダン※）

ガザ復興のカギは教育。
生徒たちの瞳はキラキラと
輝いていた
（2015 年 9 月、ガザ地区※）

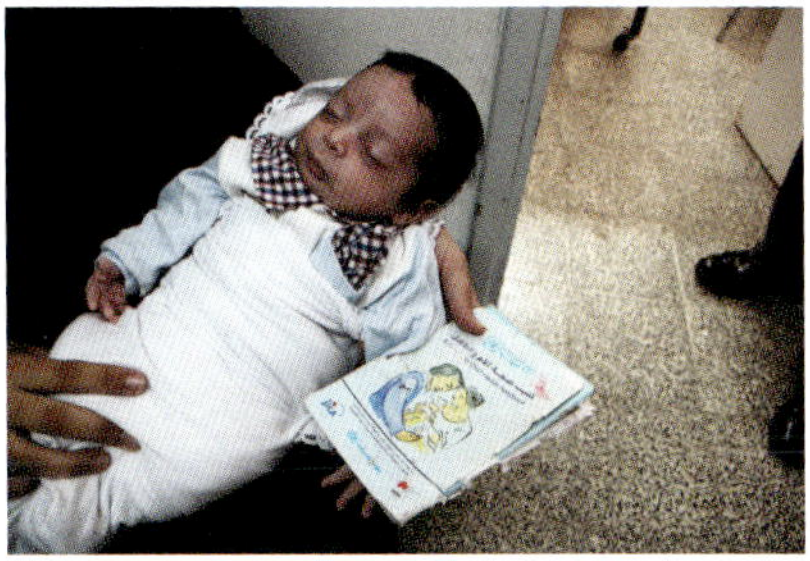

パレスチナ自治区ガザ地区
の病院で、日本の母子手帳
を手本にしたノートを示す母親
（2015 年 9 月、ガザ地区※）

破壊された建物と、ロバに引かれる住民。
停戦 1 年後のガザ地区（2015 年 9 月※）

どんな劣悪な場所にも子どもたちの歓声は響いていた。
彼らの笑顔を守るために、常に人道支援の道を走っていきたい
（2015 年 9 月、ヨルダン・ザアタリ難民キャンプ※）

エルサレムの朝焼け（2015 年 9 月、イスラエル※）

人道の国・日本を目指して

——難民に寄り添い17年

まえがき

戦後最長、二百四十五日に及んだ国会が閉幕した翌日、私は中東の難民キャンプにいた。激しい論戦の末に平和安全法制が成立したばかりだった。法案を採決する段階の討論で、私は公明党を代表して参議院の本会議場で、賛成討論に立った。

「安全保障と外交を車の両輪として、我が国及び国際社会の平和と安全を守るため、国会もまた政府とともに不断の努力を尽くす責任を負っている」と最後に結んだ。

そのとき私の脳裏《のうり》にあったものは、戦禍《せんか》から逃れるため、危険を冒《おか》して地中海を渡るシリア難民の姿であり、〝天井のない監獄〟といわれているパレスチナ自治区のガザで暮らす難民だった。

まえがき

　ガザ地区は、二〇〇六年にイスラム原理主義組織ハマスが実効支配して以来、国外の政治家が足を踏み込めない地帯になっていて、世界中の関心ある政治家が希望しても、ベルギーの一件を除くと、入域許可が下りていない。訪問にはパレスチナ自治区のみならず、対立するイスラエル政府の許可が必要だからだ。

　常に現場に駆けつけ、現場の視点で考える政治家を目指してきた私は、以前からガザ地区入域の希望を出していた。国内外の関係者から許可は出ないと思われていたようだが、訪問は政治目的ではなく、純粋にガザの難民の暮らしぶり、特に子どもたちの様子を知って、支援策を考えるためだと明確な趣旨を伝えていたところ、思いがけず、岡本三成《みつなり》衆議院議員（公明党難民政策プロジェクトチーム事務局次長）との二人の要請に許可が出た。

「熱い思いと執念が生んだ奇跡」と、現地に詳しい国連スタッフにも喜んでいただいた。

　このところ世界の難民問題はますます複雑化し、事態は悪化している。治安情勢も深刻で、人道支援さえも十分に行き届かない地域も増えてきた。難民問題が、地域の問題から国際的な問題に発展しつつあるなか、日本はいつまでも無関心ではいられない。

少しでも多くの方に難民問題を身近に受け止めていただきたい。そのために、ガザで暮らす難民の子どもたちの様子や、ヨルダンのザアタリにある難民キャンプの生活ぶりを伝えたい。ここ数年、母校の京都大学等で続けてきた難民問題に関する特別授業の内容も役立つかもしれない。

さらに幸いなことに、長年イラクで医療支援や難民支援に携《たずさ》わっている鎌田實《みのる》先生に、対談を快諾《かいだく》していただいた。先生の豊富な話題が、問題理解の幅を一層広げることは間違いない。

これらの思いを重ねるなかで、本書の執筆を始めた。

最終章に、私の四十三年間の歩みと政治家としての決意を記して、難民問題への対処と、国際社会の平和と安全に日本がどのように貢献できるのか、模索していきたい。

まえがき

　政治家として十二年を迎える今、国内に山積する多くの社会問題に取り組んできたが、若者の自殺対策やマイノリティの人権向上についてもしかり、難民問題は国内の諸問題と合わせ鏡のように密接に絡《から》み合っていると、実感することがますます多くなっている。

　足元の国内の課題に精一杯取り組むことは当然のこととして、外に目を転じれば、どの国も難民問題に関わる姿勢が、その国の政治システム、さらに社会のありようと深く関連しているのがうかがえる。

　シリアの内戦を一日も早く停戦に導くために、今こそ国際政治が責任を果たさなければならないことは論をまたない。私もその責任の一端を担う覚悟を忘れてはならないと、肝《きも》に銘《めい》じている。

著　者

目次

装幀・本文レイアウト◉藤井国敏
写真撮影◉吉田じん（第3章対談写真）
取材協力◉山懸美幸

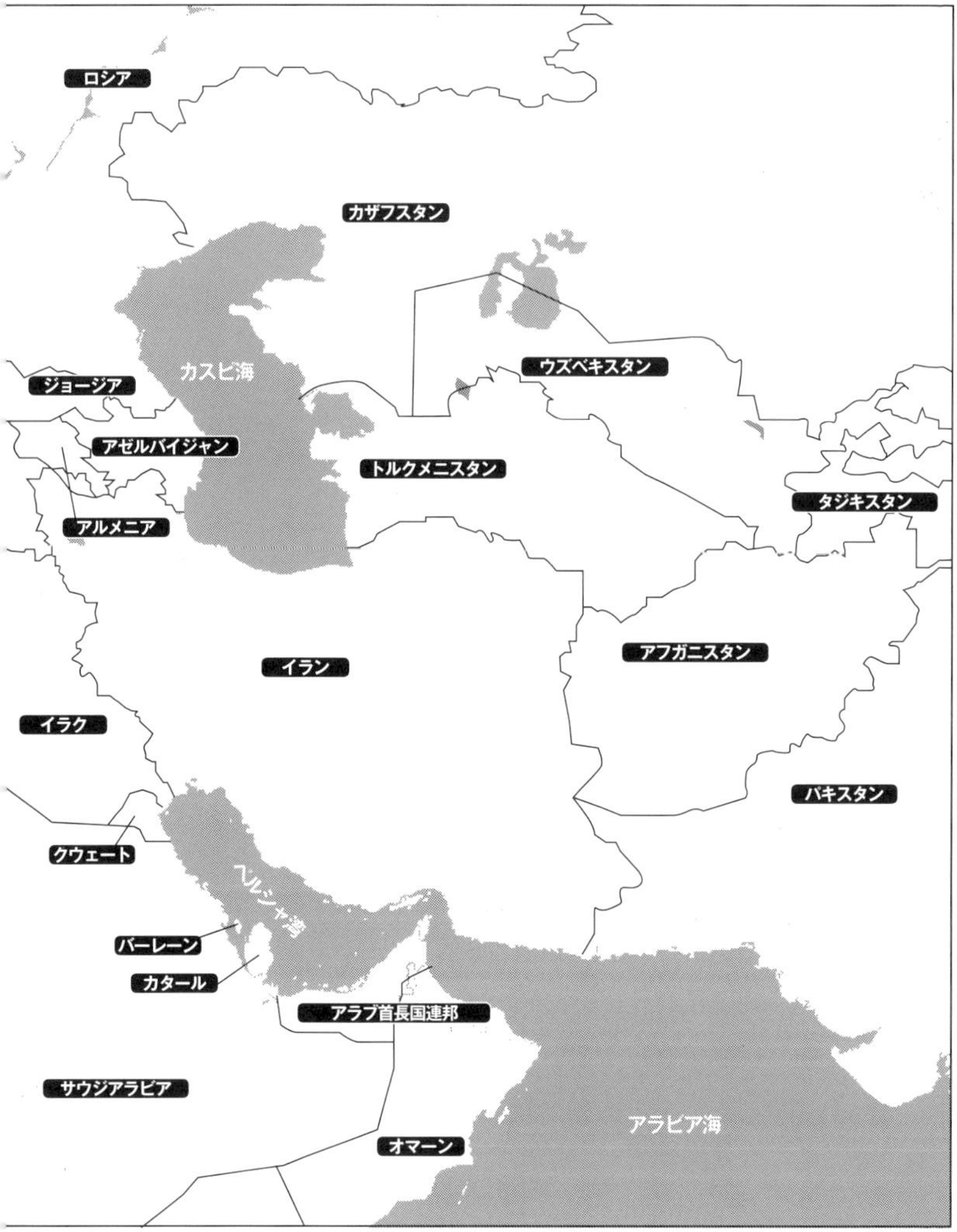
ロシア
カザフスタン
カスピ海
ウズベキスタン
ジョージア
アゼルバイジャン
トルクメニスタン
タジキスタン
アルメニア
アフガニスタン
イラン
イラク
パキスタン
クウェート
ペルシャ湾
バーレーン
カタール
アラブ首長国連邦
サウジアラビア
アラビア海
オマーン

本書関連地域

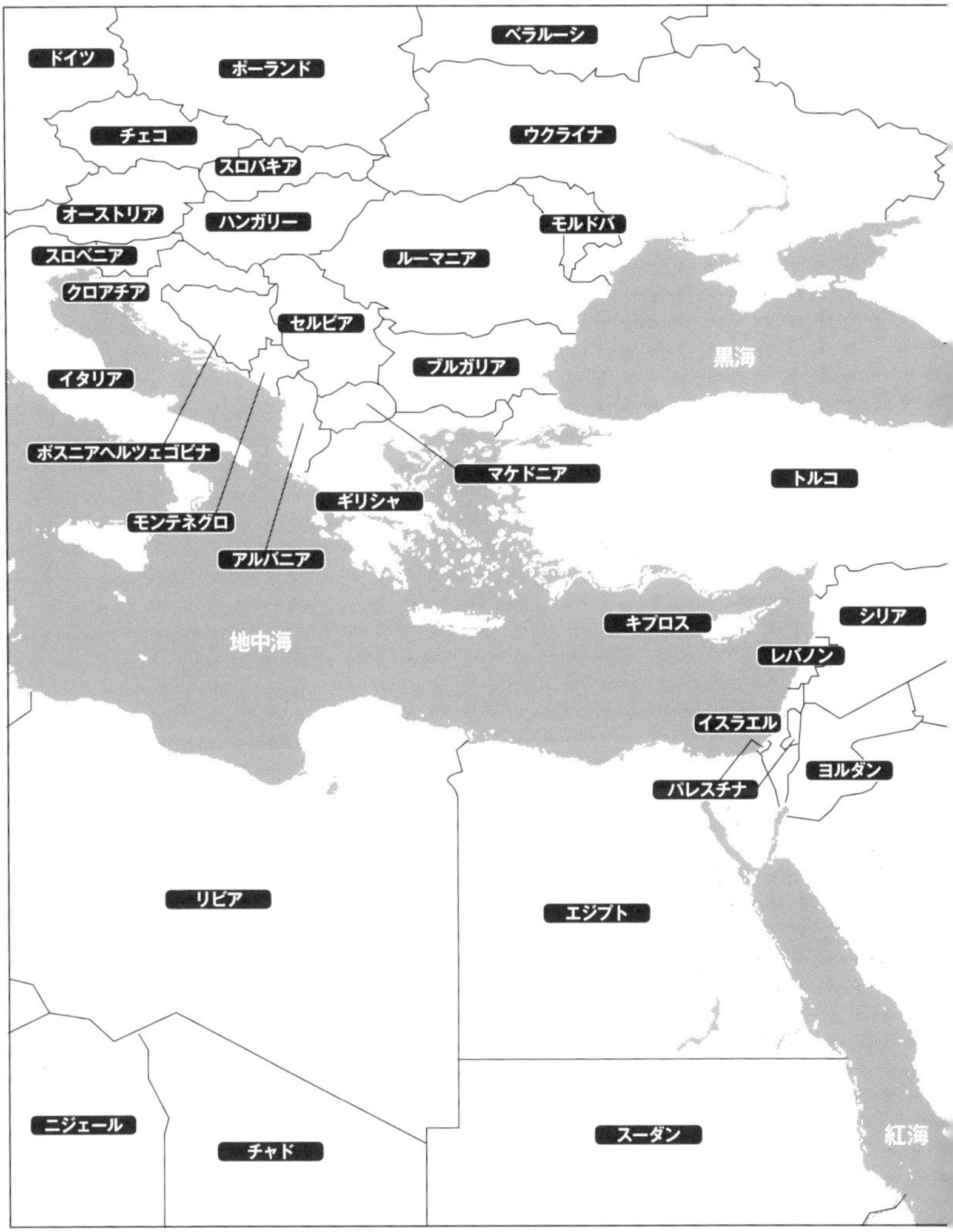

ドイツ
ポーランド
ベラルーシ
チェコ
ウクライナ
スロバキア
オーストリア
ハンガリー
モルドバ
スロベニア
ルーマニア
クロアチア
セルビア
黒海
イタリア
ブルガリア
ボスニアヘルツェゴビナ
マケドニア
トルコ
ギリシャ
モンテネグロ
アルバニア
キプロス
シリア
地中海
レバノン
イスラエル
ヨルダン
パレスチナ
リビア
エジプト
ニジェール
チャド
スーダン
紅海

第1章 難民キャンプ訪問記

世界の難民が急増するなか、シリアの難民はその数が最も多く、受け入れ側も深刻な事態に陥っている。

二〇一五年九月二十八日から十月二日まで、正味四日間、私は岡本三成衆議院議員と同議員秘書の佐藤希美子さんとともに、シリア難民を受け入れているヨルダンのザアタリ難民キャンプと、パレスチナ難民が暮らすパレスチナ自治区ガザ地区の現場を視察した。ガザ地区については、政治家として異例な訪問であった。

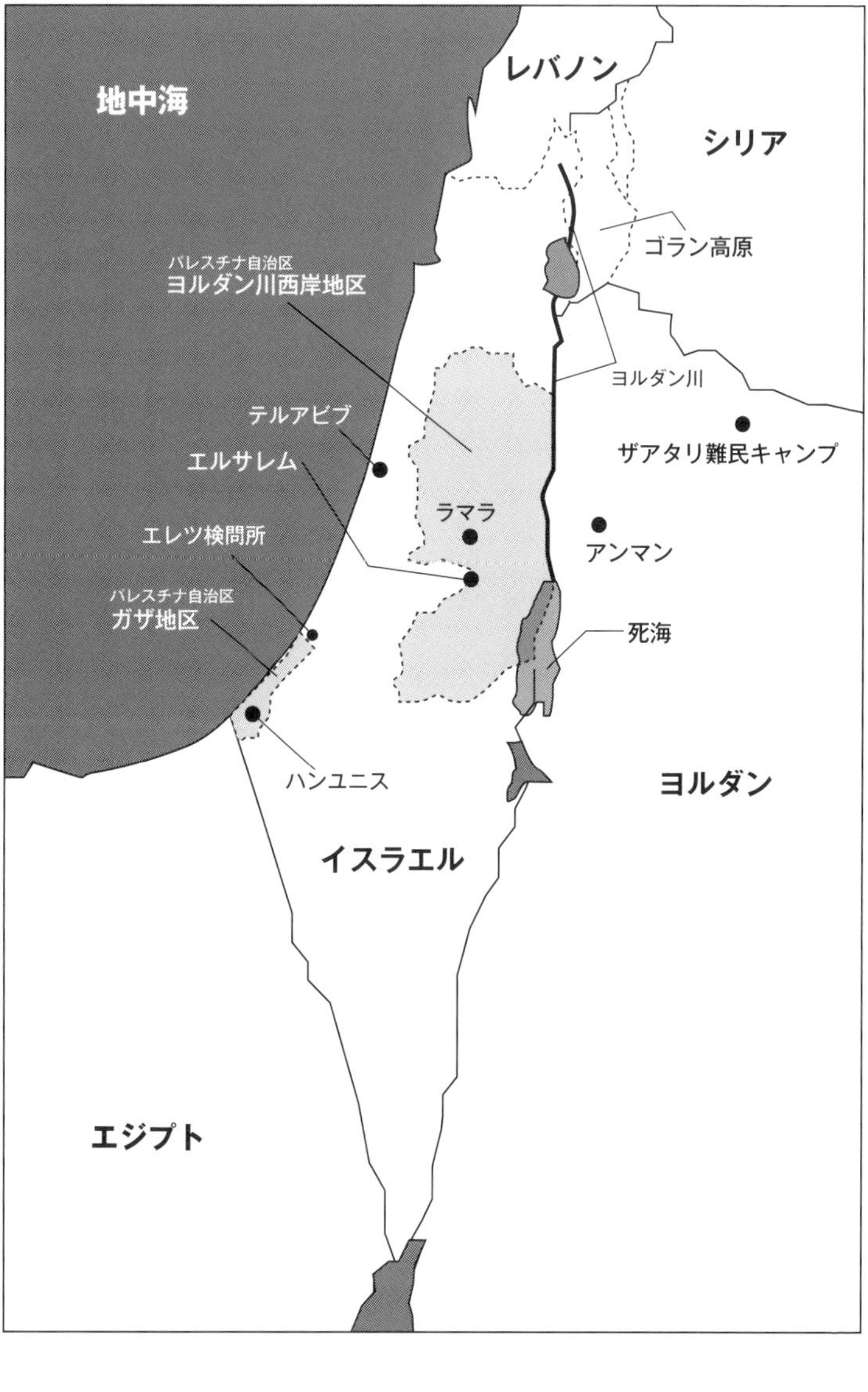

地中海
レバノン
シリア
ゴラン高原
パレスチナ自治区
ヨルダン川西岸地区
ヨルダン川
テルアビブ
ザアタリ難民キャンプ
エルサレム
ラマラ
エレツ検問所
アンマン
パレスチナ自治区
ガザ地区
死海
ハンユニス
ヨルダン
イスラエル
エジプト

ヨルダン「ザアタリ難民キャンプ」の実情

国会閉幕翌日、難民キャンプへ

私たちが羽田空港を出発したのは、国会が閉幕した明くる日の午前零時半。中東に一番乗りできるフライトだった。

同行の岡本三成《みつなり》衆議院議員は世界的な金融証券会社の元執行役員、佐藤希美子さんはアラビア語圏のリビアで勤務経験があるというから、何とも心強い。

ヨルダンの首都アンマンの国際空港に到着したのは、現地時間で二十八日の昼十一時過ぎ。日本との時差は六時間。そこから直《ただ》ちに大使館の車両で「ザアタリ難民キャンプ」に向かい、昼過ぎには到着した。

中東のカラッとした空気や温度になじむのか、大使館の職員が昼食用に用意してくれたチキンのサンドイッチが美味《おい》しかった。長袖のシャツ一枚だったが、キャンプのなかを動き回ると汗ばむ暑さだ。

このキャンプは二〇一二年七月に開設されたヨルダン最大のシリア難民キャンプで、約八万人が避難生活を送っている。

ザアタリとは地名で、シリア国境沿いに位置するので、シリア南部からの避難民はまずこのキャンプを目指すことになる。アンマンから車で一時間半ほどの距離にある。

邦人ジャーナリストがＩＳ（イスラム国）に拘束《こうそく》されたとき、日本政府の現地対策本部がアンマンに置かれたことからわかるように、アンマンはシリアと非常に近い位置にある。

二〇一一年に始まったシリア内戦*1で、これまでに約二十二万人が犠牲になったといわれる。シリア国内にとどまっている避難民は八百万人、国外に避難した人は四百万人を超え、さらに増え続けている。

＊1　シリア内戦の流れ

1970年～	アサド大統領が長期安定政権を維持
2000年6月	アサド大統領が69歳で死去
7月	次男バッシャール（長男バーセルは事故死）に政権が平和裡に委譲。共和政体下にあるものの、実質はバアス党による一党支配
2011年3月中旬～	各地で反政府デモが発生。反政府勢力に過激派武装勢力なども参加し、当局との間で暴力的衝突に発展
2015年4月	全土で22万人以上が死亡と報じられる

※外務省ホームページをもとに作成

シリアの隣国・ヨルダンは、これまでに六十三万人ものシリア難民を受け入れてきた（二〇一五年十二月現在）。私たちが訪問した当時、シリアからの避難民はトルコやレバノン、またその先のヨーロッパに流れる数が大きくなっていて、ヨルダンに向かう人々の数は落ち着いてきていた。

とはいえ、面積八・九万平方キロメートルで日本の四分の一、人口は六百四十六万人のヨルダンにとって、六十三万の難民というのは人口の一割に相当するほどの数になる。

心に深い傷を負った子どもたち

私たちはザアタリ難民キャンプで、国連難民高等弁務官事務所(UNHCR)[*2]のギャビン・デービッド・ホワイト現地代表や、国連世界食糧計画(WFP)[*3]のアンバー・サベージ現地代表らから、現地の様子について説明を受けることができた。

ホワイト氏によると、キャンプ内の難民の半数以上は十八歳以下の子どもで、しかも親を失った子どもも多い。みな心に深い傷を負い、避難してからも難民キャンプという閉鎖的な環境での生活で、心身ともにストレスを抱えているという。

ザアタリ難民キャンプは周囲を塀や柵で囲まれているため、外から簡単には出入りできない。ここに八万人もの難

＊2　国連難民高等弁務官事務所（UNHCR）

1950年に設立された難民保護、人道支援を専門とする国連機関。ノーベル平和賞を２度受賞している。本部はスイス・ジュネーブ。

＊3　国連世界食糧計画（WFP）

1961年に設立された紛争や自然災害地域に食糧支援をする国連機関。本部はイタリア・ローマ。

民が暮らしており、キャンプそのものが一つの村や町のようなイメージだ。

私たちはキャンプのなかを車で移動した。広大な敷地面積に同じような住居が並び、目印となるようなものがないため、初めて訪れた人はおそらく迷子になるだろう。

車がすれ違えるほどのメイン通りには、食料品、衣料、雑貨などを扱う小さな店が立ち並んでいる。ここに暮らす難民自身が商売をしているという。

キャンプが設置されて三年も経つので、住まいは緊急用のテントを使ったものは少なく、プレハブ式簡易住居がほとんどだ。電線が引っ張られていて、テレビを置く家庭も多いのか、各住居の屋根にはテレビのアンテナが目立つ。十五年前、私がＮＧＯで活動していたパキスタンのアフガン難民キャンプやアンゴラでは見られなかった光景だ。

シリア難民はスマートフォンや携帯電話を使用している。彼らは紛争が悪化する前までは先進国並みの日常生活を送っていた人たちで、他の国・地域の難民と違って学歴や職歴があるのも特徴だ。

〝難民は食べるものがなく痩《や》せていて、学力もなく、ＩＴ機器など持っていない〟と、日本人のなかには誤解し、偏見を抱いている人が少なくないが、昨今の難民の実態について、情報が欠けているからだろうか。そういった先入観を取り除くためにも、このルポをつづる意義を感じる。

数多くのシリア難民が遠くヨーロッパへも渡っているが、彼らがスマートフォンで移動ルートの安全性、渡航先の難民受け入れ情報を収集している状況を、今回の視察で目《ま》の当たりにして、あらためて携帯電話がライフラインになっていることを実感した。

さて、車を走らせていると、キャンプのなかは意外にも閑散《かんさん》としている。実はワーッと子どもたちが集まるのを期待していたのだが、拍子抜けした。

子どもたちはどこにいるのか、どこで遊んでいるのかといぶかしく思ったが、最初に訪れた教育施設の青少年センターでこの謎は解けた。センターは、イスラム圏の習いで、男子用と女子用がしっかりと分かれていて、子どもたちはそこで熱心に勉強をしていたのだ。

日本のNGO「JEN」[*4]や、青年海外協力隊[*5]の案内で、まず女の子が学ぶ音楽教室を見学した。なお、青年海外協力隊はこれまで治安の問題もあり、アジアやアフリカの難民キャンプで協力活動をすることはなかったが、ザアタリ難民キャンプで初めて活動ができるようになったのは特筆すべきであろう。

教室のなかに入ると、小学校の低学年と思われる女子児童が十人くらい集まっている。まず目に飛び込んできたのが、色とりどりのピアニカだった。日本から贈られたとのことで、小学生の我が子が使っているものと同じだったので、自然に顔がほころぶ。

少女たちは、日本の童謡「さくら　さくら」を合奏してくれた。大人の男性が大勢で押しかけたせいか、少々緊張した面持《おももち》ちではあったが、視察団から拍手が起き

＊4　JEN（ジェン）
1994年に設立された特定非営利活動法人。紛争や災害の犠牲になった人々への支援活動を行っている。本部は東京。

＊5　青年海外協力隊
政府開発援助の一環として、1965年に発足。JICA（国際協力機構）が実施する。農村開発、看護師、教師、ものづくりなど幅広い職種において、20歳から39歳の若者がボランティア隊員として派遣される。

ると、表情がゆるんで愛らしい。最後まで礼儀正しく、賢そうな子どもたちであった。

次に向かったのが、小学校高学年の男子児童が通う学校だ。この学校は日本のＮＧＯ「ＫｎＫ」[*6]が支援する学校である。椅子と黒板だけの簡素な教室では、二十人ほどの少年が読み書き、算数を学んでいて、壁には子どもたちが描いた絵がいくつも飾られていた。

子どもたちに将来の夢を聞いてみたら、〝医者〟や〝学校の先生〟という答えが返ってきた。世界中の難民キャンプで同じような質問をしてきたが、この答えが共通して多い。

記念撮影をしようと呼びかけると、みんな喜んで一斉に集まってきた。子どもたちの元気な様子に触れることができたので、少し安心した。

現像された写真を見ると、私も岡本議員も日焼けしていて、すっかり現地に溶《と》け込んでいた。

＊6　KnK（国境なき子どもたち）

1997 年に設立された特定非営利活動法人で、世界の恵まれない青少年を支援している。本部は東京。

シリア難民の子どもたちは、いつまでもこのキャンプで暮らすわけにはいかない。学校を卒業すれば、働く場が必要になってくる。

UNHCRの代表であるホワイト氏に、今一番必要なものは何かと、見解を尋ねてみた。「子どもたちに必要なのは未来に対する展望だ」と答えるホワイト氏の表情が、このときばかりは苦渋《くじゅう》に満ちていた。

シリア国内の情勢はあまりに複雑、不透明で、いつ内戦が終結するのか、誰も答えられない。

キャンプでの教育支援や職業訓練に一層力を入れる必要があるのは確かだが、世界中の難民キャンプを渡り歩いてきたホワイト氏にも、実は未来に対する展望が見えてこないのが私には間違いなく伝わってきた。

このシリアの内戦を一日でも早く停戦に導くのが、今の国際政治の責任で、私はその一端を担っていると自覚した。

買い物はスーパーで

ザアタリ難民キャンプでは、敷地内にあるスーパーマーケットも視察した。外国資本のスーパーがＷＦＰと契約して運営しているという。スーパーの外壁には、リプトンの紅茶や携帯電話の広告が大きく掲《かか》げられていた。

店内に入ると、パプリカ、玉ねぎ、マッシュルームといった日本でもおなじみの野菜やかんきつ系の果物など、生鮮食品がぎっしりと並んでいた。大部分は地元ヨルダンで生産されたもののようだ。卵や乳製品、飲料水、調味料、小麦粉、生活雑貨などが、日本の業務用スーパーのような感じで、大量に積み上げられている。陳列された商品の名札には、商品名と金額がアラビア語に加え、英語でも表記されていた。

何種類ものコーヒー豆が販売されていて、コーヒーが好まれているのがよくわかる。精肉販売のコーナーもあった。冷蔵庫を備え、衛生管理もしっかりしている。店内にエアコンは設置されていないが、扇風機で十分しのげる室温だ。

外国資本がWFPと提携し、ザアタリ難民キャンプで運営しているスーパーマーケット（2015年9月／著者撮影）

私たちが訪問したのが午後三時頃だったせいか、店内の買い物客は少なかった。青空市場のように威勢のいい言葉が飛び交うこともなく、売るほうも買うほうもゆったりと落ち着いていた。このスーパーのなかにいる限り、ここが難民キャンプだということを忘れるほどで、日本人でも十分安心して買い物ができそうだ。

スーパーマーケット方式による食糧支援は、WFPが最近始めた新しい取り組みで、ザアタリキャンプのこのスーパーはその第一号だと聞き、WFPの職員が、私たちにぜひ見てほしいと熱心に薦《すす》めてくれた理由が理解できた。

これまで難民キャンプの食料支援といえば、一カ月分の小麦粉や米などをまとめて渡すような方法をとっていた。しかしながら、そうした現物支給のスタイルでは、食べ物を選択する自由がない。そこで彼らにICチップ入りの買い物専用カードを渡して、自分たちで買い物ができるようにしたのだ。レジでの清算もこのカードで支払うことになる。一カ月の生活に必要な分を渡すので、過剰な買い物はできない仕組みになっている。

なお、レジ係など店内で働く人は、キャンプで暮らす難民のなかから採用しているそうだ。

ここに暮らすシリア人はもともと生活のレベルが高かったことや、キャンプで育つ子どもたちの社会教育を重視するという観点から、実際のスーパーマーケット業者に委託《いたく》して運営する方法を導入したと、ＷＦＰの職員は得意気に説明してくれた。

店内で売られる食料品は現地調達するので、現地ヨルダンの人々にも販路ができて、好都合なはずである。


私はこれまで世界各地の難民キャンプで活動してきたが、初めて仕事をしたのは、二〇〇〇年のことで、アンゴラの国内避難民キャンプだった。ここでは、内戦が四半世紀にわたって続いてきたせいか、人々は生気のない表情をしていたことが脳裏《のうり》に焼き付いている。支援を受けるだけの生活が何年も続くと、人は精神的に参ってしまう。

人道支援も、緊急救援の段階から自立に導く支援まで、状況に応じて適切に展開されなければならない。物資を与えるだけで十分とするのではなく、一人一人を人間として尊重する姿勢を、支援する側は決して忘れてはならない。援助を受ける側にもプライドがある。

その意味で、新たに導入されたＷＦＰのこの方法は、人間の心理を直視したものであり、そこに暮らす難民の当事者ばかりでなく、実際に支援する側の国連機関やＮＧＯスタッフからも好評だという。〝上から目線〟の人道支援ではなく、難民の主体性を重んじる支援で、民間企業も参加しているところが新しい動きだ。こうした取り組みが他の難民キャンプでも広まるといい。

受け入れ国と難民との軋轢《あつれき》

その一方で、難民への手厚い支援が、受け入れ側の現地の人から批判されている側面も否《いな》めない。たとえば、難民キャンプでは学校や病院が無料であるため、現地の人から「難民のほうが恵まれている」と不満の声が上がっている。また、それまでの生活習慣の違いからか、シリア人のほうがヨルダン人より水の消費量が多く、シリア難民がヨルダンの水事情を圧迫しているという不満の声を、あちこちで耳にした。

特にヨルダン政府の関係者から、政府の財政的負担の問題に加えて、国際社会による難民支援がかえって難民生活を固定化させているという批判の声が上がっていることを無視することはできない。

これはヨルダンだけで起きている問題ではない。特に大量の難民を抱える国では深刻である。国連機関などはシリア難民を〝援助依存〟にさせないためにも、ヨルダンでの労働許可を与えてほしいと訴えるが、それではヨルダン人の雇用を奪われてしまうので、ヨルダン政府としては容易に労働許可を出せない。

難民問題を人道面だけで対処するには限界があり、受け入れ国の経済的な状況とどうバランスをとるのかという難題に直面している。

また、難民に対する支援が難民全体に行き渡らないという問題もある。実際、ヨルダンに逃れたシリア難民のうちで、ＵＮＨＣＲの保護のもとでキャンプ生活をしている人はわずか一割。九割近い人たちはキャンプを離れ、ヨルダン人のコミュニティーに紛《まぎ》れ込んで生活している。そのため、難民キャンプを対象にするだけでは、難民全体に支援の手が届かない。

ヨルダンのシリア難民の大多数はなぜ、キャンプより、町のなかに紛れ込むほうを選択するのだろうか。

ヨルダン国内にはザアタリ難民キャンプ以外にも、シリア難民のためのキャンプが順次増やされているが、やってくる難民の数が収容人員を大きく上回っているという要因が挙げられる。また、外界から孤立したキャンプで生活するより、親類縁者を頼って都市のアパートなどで暮らすほうがましだと判断するのは、両国ともに、使用する言語が同じアラビア語で、宗教も同じイスラム教。友人・知人も多く、生活習慣が似ているため、それが容易だからだろうか。

このような難民は〝都市難民〟と呼ばれたりするが、かつて私が支援活動をしたパキスタンにいるアフガン難民も人数的には圧倒的に都市難民が多く、シリア人に限ったことでもない。

キャンプを嫌う都市難民

シリア難民のうち九割近くを占《し》める都市難民が、どのような生活をしているのか。その実態は外部からはなかなかわかりづらい。

ヨルダンは難民条約（第2章参照）を批准《ひじゅん》していないので、難民に社会保障や労働の権利までは保障していない。したがって、シリアの難民がヨルダンで働けば不法就労という形になる。

ちなみに日本は難民条約を批准しているので、難民の認定さえ受けられれば、あるいは難民認定申請中であっても、不法就労で罪に問われることにはならない。受け入れの際の厳格な審査が課題にはなっているが、難民認定されれば定住者とみなされるので、日本人と同様、生活保護も申請して認められれば支給される（詳しくは第2章で説明）。

ヨルダンでは都市難民が急増したことで、地元ヨルダン人用の小学校にシリア難民の子どもも通い、教室は児童で溢《あふ》れて、午前の部、午後の部と二部制をとらざるを得なくなっている。診療所も多くの傷病患者で混み合い、診察順序をめぐって、時に逼迫《ひっぱく》した状態に陥《おちい》り、電気・水といったインフラの使用量の増大も問題化している。

受け入れ国でも把握できない都市難民が増えると、国連機関の支援が届かなくなるのはもちろんだが、結果的に受け入れ国の財政的な負担が増すという構造が生まれる。

国際機関もそうしたことは十分認識している。難民キャンプだけを対象にする難民支援ではまったく不十分で、難民を受け入れている決して財政力の豊かでない周辺国、たとえばヨルダンやレバノンといった国への医療や学校、水、電力などの支援を強化する必要性が高まっている。

政治的な観点からいえば、ヨルダンのような穏健《おんけん》な国で、難民急増によって住民の不満が爆発し、政治が不安定になれば、難民排斥《はいせき》につながるだけでなく、政府は自国民の非難にさらされ、支持を失い、政権を移譲《いじょう》する羽目に陥りかねない。

ヨルダンは周辺をシリアやイラク、イスラエル、パレスチナに囲まれ、周りは〝火薬庫〟だらけだ。穏健国のヨルダンだからこそ、これまで国の人口の一割にも相当する難民を許容してきているが、最後の砦《とりで》ともいわれるヨルダンの政情が不安定化したら、難民はどこに行くのか？　中東情勢は？　そして世界の情勢はどう動くのか？　考えただけでもゾッとする。

したがって、難民の命を守るには、難民キャンプへの直接支援だけでなく、難民を受け入れている周辺国への支援が不可欠で、中東の政治の安定化がいかに大切かを、このたび現地を訪れて、強く再認識した。

日本から到着したその足で、ザアタリ難民キャンプの視察を終わらせた。時差ぼけによる多少の疲労はあったものの、ヨルダンの夜風は心地よかった。夜空を見上げると、スーパームーンが金色に輝いていた。満月が地球に最接近している。

街灯もなく暗い難民キャンプから見る満月は、もっと明るいはずだ。キャンプで暮らす難民たちは、どんな思いで今夜のこの満月を見ていたのだろうか。

パレスチナ自治区ガザ地区訪問

異例だった政治家の入域

ヨルダンでの予定を終えた私たちは、〝死海〟の横を陸路で通過してイスラエルに入国した。パレスチナ自治区[*7]ガザ地区を訪れるためだ。まず、同自治区ヨルダン川西岸地区を抜け、エルサレムに泊まった。

イスラエルとパレスチナの間では何度も激しい戦闘がくり返されてきた。特にパレスチナ人が暮らすガザ地区は衝突の舞台となり、二〇一四年の戦闘では一般市民を含む二千人以上が犠牲になったばかりだった。現在は停戦状態にあるが、日本の外務省は「渡航中止勧告」を出している危険な地域である（二〇一六年三月現在）。

私は以前からガザ地区を訪れたいと思い、国連パレスチナ難民救済事業機関（U

NRWA）*8にもその希望を伝えていた。

これにはわけがある。国会議員に初当選した際、勤務していた国際医療NGO「AMDA*9」の菅波茂代表から言われたことが一つあった。

「国家存続の危機となるような災害や紛争が起きたとき、現場にすぐに駆けつけなさい。それがAMDAスピリットだ」

議員になって以降、インド洋の大津波の被災地、独立前のスーダン南部、震災に見舞われたハイチなど、深刻な人道危機に直面している地域を真っ先に訪れてきた。戦禍《せんか》に苦しむガザ地区へ、何と

＊7　パレスチナ自治区

1993年の暫定自治原則宣言（オスロ合意）や94年の先行自治合意（ガザ・ジェリコ合意）などを受けて、パレスチナ解放機構（PLO）がイスラエル国内にパレスチナ暫定自治政府を設立。ヨルダン川西岸地区とガザ地区で自治を開始。この両地区を「パレスチナ自治区」と呼ぶ。ガザ地区は2007年6月からハマスが武力で掌握しており、ファタハが統治する西岸地区とは分裂状態にある。

＊8　国連パレスチナ難民救済事業機関（UNRWA）

1949年に設立された国際機関で、パレスチナ難民へ保健、教育など基礎的な生活支援を行っている（パレスチナ難民以外の難民への支援はUNHCRが実施する）。本部はガザとヨルダン・アンマン。

＊9　AMDA（アムダ／アジア医師連絡協議会）

1984年に設立された特定非営利活動法人。アジア、アフリカなどで紛争、災害に苦しむ人々への医療活動を行っている。本部は岡山。

しても足を運ばなければならないと決意したのも、そのような約束があったからだ。

しかし、ガザ訪問の実現は、治安面、政治面でハードルが高かった。

二〇〇六年の選挙で勝利した原理主義組織のハマスがガザを実効支配して以来、パレスチナ自治区は、ファタハが統治するヨルダン川西岸とハマスが統治するガザに分裂している。ファタハは対イスラエル政策では穏健の立場の政党であり、一方、ハマスは対イスラエルではテロを含む武装闘争路線をとっている。

そうしたことからイスラエルはガザを封鎖。イスラエル軍とハマスの間で過去十年間に三度の大規模な戦闘がくり広げられてきている。

二〇一四年の戦闘は過去最大規模の戦闘だった。五十日間の戦闘が終結し、ようやく双方が停戦で合意したのが二〇一四年八月。

停戦を受け、その年の十月に、エジプトのカイロでガザ復興支援会議が開催され、我が国を含む世界九十以上の国や国際機関が出席した。ここでガザの復興の遅れが、同地域におけるＩＳの浸透や過激化の危機につながりかねないと指摘された。

また、二〇一四年の停戦を確実に定着させ、復興を遂げるためには、ガザの人々の生活状況を知る必要がある。そのため、この問題に関心を寄せる国々の政治家がガザ入域を希望するのは、当然の成り行きだ。

しかし、ガザ問題が深刻化した二〇〇六年以降、ガザ地区に入域した政治家はベルギーの一件しかなく、私たちが訪問する前にドイツやデンマークの政治家たちが入域を計画したものの、イスラエル政府から許可が下りなかった。政府側の閣僚であれば許可されるケースも出ていたが、純粋に国会議員となると門前払いだった。日本の国会議員である私たちに対しても訪問許可は下りないだろうと、日本の大使館員はドイツの外交官から言われていたそうだ。

実際に、私たちの後にイスラエルを訪れた日本の超党派議員による委員会視察でも、ガザ訪問の計画話が持ち上がったようだが、入域の困難さから断念したと聞いている。

結果的に私たちの訪問希望には許可が下りたが、実をいうと、私たちが日本を出発する二日前に、日本の外務省から突然、ガザ訪問は困難になった旨の知らせが届いた。ガザに入る唯一の検問所の開設時間は通常朝八時から午後一時半頃までだったのが、数日前から深夜の二時間程度しか認められなくなったという情報だった。これが事実なら、検問所での手続きにかかる時間を考えれば入域できないに等しい。

検問所はイスラエル側、パレスチナ側の双方にあるが、実質、入域の許可権限を持つのはイスラエル政府である。すぐに同僚の岡本議員から在京イスラエル大使館のカハノフ大使に連絡をとってもらったところ、「問題ない。責任を持って入域できるようにする」と、返事は心強かった。

とはいえ、本当に入域できるかどうか定かでない状態で出国したことは確かだった。ただ、私のこれまでの経験上、紛争地域では常にものごとが流動的で、この手の情報は日常茶飯事だったから、妙に落ち着いて現地に向かったことを覚えている。

ガザ入域が許された三つの理由

今回のガザ訪問の実現に関して、現地の訪問先をアレンジし、一緒に同行していただいたＵＮＲＷＡの清田明宏保健局長は「（公明党議員の）熱い思いと執念が生んだ奇跡」と語っておられた。

清田局長は長くＵＮＲＷＡで活動されている医師で、何度もガザを訪れていて現地の実情をよく知っている。またパレスチナ人スタッフからの人望も厚い。そうした清田局長の言葉だけに、とても重い意味を持っていて、今回の入域は、客観的にも異例なことだったようだ。

清田局長は以前、ＡＭＤＡの仕事に関わったことがあると聞いていたので、私にとって大変心強い参謀でもあった。

なぜ、私たちの入域が許可されたのか。権限を持つイスラエルとパレスチナ両政府、日本大使館、国連機関に尋ねると、その理由は三点に集約された。

一点目は、人道目的であること。二点目は、日本の政党であること。三点目は、公明党であることで、これには多少の説明が必要かもしれない。

一点目の人道目的というのは、ガザを実効支配しているハマスの幹部と会談するというような政治目的ではなく、ガザ地区に暮らすパレスチナ難民のために日本政府がとるべき医療支援や教育支援を探るのが目的である、というメッセージが、ありがたいことに、イスラエル側にも正確に伝わっていた。

二点目、日本の政党であることが許可理由になったのは、日本が現地の特定政党を支援しているわけではなく、中東諸国と特別な利害関係を持っていないからだった。政治的に中立であることが、強い信頼感につながっている。

中立といっても、何もしていないわけではなく、医療、教育、人材育成などの面で、この地域の平和定着に向け大きな貢献をしてきているのも事実で、日本は平和国家として正当な評価を受けている。

三点目の公明党についてだが、渡航前に在京イスラエル、パレスチナの両大使を表敬した際、両政府から長期にわたる信頼関係を評価していただいた。山口那津男代表は、UNRWAのトップである事務局長と、毎年会談を続けているのみならず、ここ数年頻繁《ひんぱん》に日本を訪れている世界各国の国連大使とも必ず会談している。私も同席してきたが、党首が来日した国連大使と毎回会談している政党は他にない。

与党として政策に責任を持ちながら、一貫して国連を重視し、「人間の安全保障」

イスラエル側のエレツ検問所を抜け、ガザ側に入った。
UNRWA・清田明宏保健局長（左）、岡本三成衆議院議員（右）とともに
（2015年9月）

や人道主義に立脚した外交政策を続け、国際社会においても〝平和の党〟として認められている公明党だが、創立者である池田大作SGI（創価学会インタナショナル）会長に寄せられる世界各国からの信頼は何よりも厚く、揺るぎがない。

エルサレムで会った治安情報を分析する国連職員によると、私たちの訪問は現地の国連関係者にも注目されていたようで、ハマスも細心の注意を払っていたのは間違いないとのことだった。私たちの滞在中にイスラエルと交戦し、日本の政治家に万が一のことが起きてしまったら、国際的な大ニュースになってしまうからだ。

とはいえ、私たちが入域する前夜、ガザ地区からロケット弾が発射され、イスラエルも報復措置をとって交戦した。これには私も驚き、半日のガザ滞在中、戦闘が起きないことを祈るばかりであった。

停戦合意はなされているが、一触即発の緊張が続く最前線を、今回私たちは歩くことができたわけで、その意義は大変に深いと確信している。

イスラエルとパレスチナの格差

ガザ地区は面積三百六十五平方キロメートル。岡山県倉敷市とほぼ同じで、東京二十三区の六割くらいの広さがあるが、イスラエル政府によって事実上隔離《かくり》されており、〝天井のない監獄〟とも呼ばれている。人口は百七十六万人で、四分の三に当たる百三十二万人が難民として認定されている。

かつて存在した空港は破壊され、地中海に面しているとはいえ外港もなく、イスラエルとの行き来はエレツという検問所一カ所に限定されている。イスラエル側の上空には、気球がいくつも飛んでいた。高性能カメラでガザ側の動きを常時監視しているのだ。

ガザはパレスチナ自治区のヨルダン川西岸地区から見ると飛び地になる恰好で、同じパレスチナでも、ガザと西岸地区の往来はよほどの必要性がないと認められない。

物心ついたときから経済封鎖が続いているガザの子どもたちは、ガザという〝天井のない監獄〟から一歩外の世界に出ることを夢に見て暮らしている。

私たちはUNRWAの協力の下、ランドクルーザーの防弾車に乗って移動した。国連職員や外交官は、ガザのなかを動くときは常に防弾車での移動だ。この防弾車のドアはとてつもなく重い。


早朝、エルサレムを出発し、片側二車線の整備された道路でガザへ向かう。車窓に広がるイスラエルの街並みは都会的だ。今回訪れることはなかったが、イスラエルの最大都市で、経済の中心地テルアビブにいたっては、高層ビルが立ち並び、東京やニューヨークのような街だと同行の現地大使は説明する。

車で一時間ほど走ると、検問所に着いた。驚いたことにイスラエルとガザの間は、一日に数えるほどの人の往来しかないのに、イスラエル側の出入国管理施設は成田空港のように立派だった。

銃を持ったイスラエルの警察を横目に検問所を抜けたとき、心底ほっとした。五百メートルほど進むとガザ側の検問所に着く。そこから一歩ガザ地区に入ると、ロバが通りを歩く前近代的な風景が広がっていた。あまりの違いだ。

境界線近くは、戦争の傷跡が生々しい。一般の人々が住んでいたであろう五階建てほどの団地が完全に破壊され、建物から取り出された鋼材が道路の端々《はしばし》に投げ出されていた。

ガザ地区はたび重なる紛争で道路や住居などが破壊され、電気などのインフラはガタガタになり、経済も疲弊《ひへい》し失業率は四〇％以上という。

ハマスが掘ったイスラエル領域に通じる密輸用の地下トンネルも、二〇一四年のガザ紛争で破壊された。地上でのイスラエルとの行き来は厳しく制限され、物資の運搬も規制されている。特に軍事に転用される恐れのある資材は量に制限があるか、もしくはいっさいガザに持ち込めない。学校で使うノートパソコンも、バッテリーが爆発装置に転用されることを恐れて、国連機関の職員でもまとまった台数を持ち込むのが難しいという。

破壊された建築物の廃材が路上に散在したままなのは、住宅の建設に再利用するためらしい。

「日本に留学したい」

パレスチナ難民は、テントによる難民キャンプではなく、トタンやコンクリートでできたスラム街や自ら建てた家に住んでいる。一見しただけでは、パレスチナ難民と難民でないパレスチナ人とを見分けることは難しい。

市街地ではトマト、玉ねぎ、ピーマン、なつめやしなど、食料品を売る店を時折見かけたので、一応、地域のマーケットは成立しているらしい。

中心部の海に面した地区には国連関係者が宿泊するホテルも営業しており、その近くで浮き輪を売っている商人もいた。二十階ぐらいの高層マンションも複数棟立っていた。老朽化しているとはいえ、かつては高度な建築や土木技術を持つ人たちがここで働いていたことがうかがえる。

停戦後に、片側二車線の道路が見事に整備された箇所もあり、この事業は中東の産油国による支援だと説明された。ガザのなかにも地域差があり、復興しているエリアと復興していないエリアの格差は大きかった。

ガザ地区内は国連の防弾車で移動した。
道路の端々には破壊された建物の鋼材が投げ出されていた
（2015年9月／著者撮影）

私たちは日本政府がＵＮＲＷＡへの資金供与を通じて援助している再建事業を確認するため、ハンユニス地区の病院と女子中学校を訪問した。

病院では多くの人から日本の支援に対する感謝の言葉を伝えられた。実際、日本の母子手帳を手本にした母子健康管理が行われており、日本の支援による電子カルテが使用されていた。ただし、ガザでは外科手術など高度な医療行為はできないため、そうした治療が必要な患者は人道上、イスラエルに入ることが許されているという。

病院に勤める医師自身もパレスチナ難民で、昔は比較的自由に外国への移動ができたので、四、五十歳代の医師らは、イギリスなどの大学で医学を勉強してきたそうだ。

女子中学校では、二十人くらいの生徒代表から英語で「日本の援助に感謝します！」と元気な歓迎のあいさつを受けた。

この後、四十人ほどの教室で授業を見学し、生徒たちと懇談する機会を持った。

彼女らは私たち一行としきりに話をしたがっていて、「日本に留学したい！」という声もあちこちから聞こえてきた。

「一緒に写真を撮って、フェイスブックにアップしていいですか？」と英語で聞いたら、一斉に「イエス！」と返ってきたのには驚いた。ヒジャーブ（スカーフ）で頭を覆《おお》うイスラムの女の子だから遠慮するかと思っていたのは偏見で、杞憂《きゆう》に過ぎなかった。

戦禍に苦しむガザで、フェイスブックなどのインターネットを使ったコミュニケーション・ツールが子どもたちの間で盛んなことも、想像を超えていた。

ガザ地区はもともと教育水準が高く、優秀な人材が多いという。「戦争が長く続き、勉強するしか道がなかったのよ」とパレスチナ通の某国会議員は説明するが、戦争で、家族も社会も混乱状態のなかで、よくぞ希望を失わず勉学に励んできたと、彼らの学習意欲に驚嘆《きょうたん》するばかりだ。

生徒たちはみんな勤勉で、目がキラキラ輝いていたのが印象的だった。

ガザには高校や大学といった高等教育機関もある。しかし、一番の問題は、卒業した後に知識や技術を生かす機会や仕事がないことである。最も人気のある就職先は国連機関で、UNRWAが運営する病院や学校で医師や教員の募集があると、一人の定員に対して数百人の応募があるという。

人道機関でさえガザに入りづらいという現状のままでは、民間企業が参入することは難しいだろう。新たな仕事を生み出すには、何よりも恒久的な平和が求められている。

釜石市を訪れたガザの中学生たち

ガザの人たちは驚くほど親日的だった。学校の生徒たちは東日本大震災のことを学び、毎年三月十一日には復興を祈って凧揚《たこあ》げをしてくれているという。その心が本当にうれしくて、懇談した女子中学生に、「日本を代表してお礼を言いたい」と謝意を伝えた。

後日、私が訪問した学校の校長先生と生徒三人が、UNRWAとNGO「日本リザルツ[*10]」の招きで、十一月に来日することが決まった。
だが、実はこの訪日計画の実施も難しくて、結果的に実現できたのは奇跡的なことだった。なぜならガザを出る際、検問所でイスラエルからの許可が下りるかどうか、当日までわからなかったからだ。そんな状況のなかで出国が決まったとき、リザルツの白須紀子代表の喜びはひとしおだったようで、すぐに電話がかかってきた。

一行は真っ先に被災地の岩手県釜石市を訪問すると聞き、私も釜石に向かい、子どもたちとの交流の場に参加することができた。釜石や陸前高田から集まった少年野球チームの子どもたちと一緒に、凧揚げをするガザの生徒たち。広い野球場で遊ぶ彼らの姿はどこまでも無心で無邪気で、平和な国の日本の子どもたちと変わりがない。

青空を舞う凧をながめながら、東北の復興とガザの平和を心から願った。

＊10　**日本リザルツ**

1989年に発足した特定非営利活動法人。飢餓と貧困の根絶を最優先とし、政府に政策提言や普及啓発活動を行っている。本部は東京。

翌日、生徒たちが安倍晋三総理と山口代表に会えるよう手筈《てはず》をとった。総理との面会のアポイントもとれ、幸運なことに、私はこの場にも同席することができた。

パレスチナの子どもたちを代表して英語でスピーチをしてくれたのは、十三歳のラワンさんだ。

ガザと釜石の子どもたちは、同じつらさを共有しています。

ガザは、人間によって引き起こされている戦争の結果です。

日本は、自然によって引き起こされた津波の結果です。

日本では、多くの人々が亡くなりましたが、子どもたちは意志と希望を持って、すべてを失っても立ち直っていました。

そのような姿は、私たちにとって、とても励みになります。

私がそうであるように、ガザの子どもたちもまた、とてもたくましいです。

私たちは三回の戦争を経験し、占領下で閉じ込められて生活しています。

ですから、私たちはより良い未来を創《つく》るための力を見つけるために、

被災地の岩手県釜石市を訪れたガザ地区の中学生と。
手にしているのは日本の子どもと一緒に揚げた手づくりの凧
（2015年11月）

あなたがたの支援を必要としています。
これまでのすべての支援に感謝しています。

彼女は前日、ガザに暮らすおばあさんを亡くしたばかりだったというが、気丈《きじょう》に、大任を果たしてくれた。ガザの子どもたちを代表して日本の総理に伝えたい、との強い気持ちが、同席したすべての者に伝わり、感動を与えた。

十四歳のモハメド君は「釜石の津波の映像を見て、昨年のガザの戦争を思い出して悲しかった。それでも、家族を失っても、笑顔でいる釜石の子どもたちが復興に進む姿が心に残りました。ガザも同じように復興したい」と、どこまでも前向きだ。

十三歳のガイーダさんの次の言葉には、胸が痛んだ。
「釜石での凧揚げでは、生まれて初めて恐怖を感じることなく、自由に遊ぶことができました。普通の子どもってこんな感じなのかと思いました。ガザでも自由な鳥のようになりたいです」

子どもたちにとって、紛争の爪痕《つめあと》は深い。

物心ついたときから、一時も恐怖を忘れられない世界で、子どもたちは生きている。イスラエルの空爆で亡くなった人が身近にいるかもしれない。言葉には出さなかったが、心の奥でイスラエルに対して憎悪の感情を抱いていたとしても不思議ではない。

一方で、イスラエルの子どもたちは「パレスチナ人はテロリストだ」と教わり、恐怖と嫌悪の念を植え付けられている現実がある。

行き来が制限されたことで、双方の子どもたちは近年、会うこともなければ、言葉を交わすこともない。テレビやインターネットを通じて偏《かたよ》った情報に触れるばかりで、互いに疑心暗鬼になっていたとしても、どうして彼らを責めることができようか。

対立の歴史は長く、背後には大国の利害も複雑に絡《から》み合う。何世代にもわたって続いてきた憎しみの連鎖を断ち切るのは容易なことではない。

だが、私たちにもできることはある。

今回の訪問で私は、中立の立場にある日本だからこそ、できることがあると思い至った。教育支援だ。教育によって、子どもたちがテロリストやＩＳなどの過激派組織に傾倒しないように導くことだ。これには、立場の違いを超えて、どの国にも賛同してもらえるだろう。

十年先、二十年先を見つめて、教育を通して一人一人の心のなかに平和の種を植えていく。迂遠《うえん》な道のりだが、中東の平和は、その積み重ねの先にしかないように思える。

パレスチナ自治政府の本部ラマラで懇談した同政府のジャード・アブ・アムロ副首相も、「日本が教育を重視して、発展を遂げたことをモデルとしたい」と述べ、「パレスチナ難民が、日本で学ぶ機会が拡大することを期待する」と語っていた。

そうした期待に応えられるよう、国費留学や交流事業の拡充を実現したい。彼らを日本に留学生として招き、イスラエルをはじめ、さまざまな国の同世代の若者と交流を結び、復興を担うリーダーとしてパレスチナに戻ってもらおう。

ガザを離れる時間が迫《せま》ってきた。

紛争によって崩れ落ちたアパートに、中東の暑い日差しが容赦《ようしゃ》なく照りつけている。そこには、学校帰りの子どもたちの無邪気な笑顔と瞳の美しさがあった。

その姿を見ながら、ガザ復興のカギは教育だと、あらためて確信した。

第2章

難民問題の現在（京都大学等での特別授業から）

過去最悪の状況といわれる世界の難民問題に対し、日本はどう向き合うべきか。

その実態を解説し、今後の難民政策への提言を記す。

本稿は、京都大学での特別授業（二〇一三年一月、二〇一三年十二月、二〇一五年一月）と東洋英和女学院大学での特別授業（二〇一四年十月）で講義した「国内外の難民問題について」の内容に加筆・修正をしたものである。

急増する世界の難民

「難民」とはどんな人たちか？

難民問題というと、文字通り「難」しい話だと思われがちです。そこで、最初は二択のクイズを出しながら解説したいと思います。

問1、かつて難民だったのは？

A　アインシュタイン　　B　オバマ大統領

答えは「A　アインシュタイン」です。アインシュタインはドイツ生まれのユダヤ人でしたが、一九三三年にナチス政権が誕生するとアメリカに亡命して、母国ドイツには戻りませんでした。他にも、歴史に名を残す偉人や著名人には多くの難民がいます。音楽家のショパンや写真家のロバート・キャパ、日本に縁が深い人では、神戸で洋菓子店を開いたモロゾフも難民でした。

皆さんは「難民」というと、どのようなイメージをお持ちでしょうか。日本のメディアでは、栄養失調の子どもや衰弱した人たちの映像とともに報じられることが多いので、難民というと「かわいそうな人たち」「保護が必要な弱い人たち」というイメージが強いと思います。しかし、難民のなかにはアインシュタインのような天才もいますし、医師や弁護士などの資格を持っている人、ハリウッド俳優、さらには二〇一六年のリオデジャネイロ五輪に出場予定のアスリートもいます。

難民が国際的な問題として注目されたのは、第二次世界大戦の後でした。戦後間もない一九五一年、国連で「難民の地位に関する条約」が採択され、六七年に「難民の地位に関する議定書」が採択されました。この二つを合わせて「難民条約」と呼ばれています。

難民条約では、難民について次のように定義しています。

「人種、宗教、国籍もしくは特定の社会的集団の構成員であること、または政治的意見を理由に、迫害を受けるおそれがあるという十分に理由のある恐怖を有するために、国籍国の外にいる者であって、その国籍国の保護を受けられない者、またはそのような恐怖を有するためにその国籍国の保護を受けることを望まない者」

少し難しい文章ですが、要約すると、「人種、宗教、国籍、政治的意見などを理由に迫害を受ける危険性があるため、国外に避難している人」となります。

この定義によると、故郷を追われながらも国内にとどまっている「国内避難民」は難民にはなりません。しかし、劣悪《れつあく》な環境で暮らし、迫害から逃げている点では難民と同様であり、国連難民高等弁務官事務所（UNHCR）は国内避難民を支援の対象に加えるようになりました。その判断をしたのが、一九九一年から国連難民高等弁務官を務めた緒方貞子さんでした。

問2、難民条約を批准《ひじゅん》していない国は？

A　日本　　B　タイ

難民条約の批准国には、難民の権利を守ることが求められています。なかでも特に重視すべきものに、「迫害の待ち受ける本国等への送還の禁止（ノン・ルフールマンの原則）」があります。つまり、難民を追放したり、送り返したりしてはいけないという取り決めです。

現在、百四十五カ国以上が難民条約に加入しています。日本も一九八一年に批准しましたが、タイは批准していません。したがって、クイズの答えは「B」になります。

タイの隣国・ミャンマーから逃れてきた難民の多くはタイのキャンプで暮らしていますが、タイは難民条約を批准していないので、難民を保護する義務を有していません。そのため、ミャンマー難民はキャンプを一歩出ると、タイ警察に捕まることもあります。タイは難民条約に縛られることなく、独自の裁量で難民を受け入れているといえましょう。

また、難民条約では、難民認定された人には国内制度上の諸権利と保護を与えるように規定されています。日本も社会保障関係法令（国民年金法、児童扶養手当法等）から国籍条項を撤廃し、難民認定者が初等教育、国民年金、児童扶養手当、健康保険などを日本国民と同じように受けられるよう、法整備しました。

避難先の国が難民条約を批准し、保護政策が行き届いているかどうかは、難民にとって大きな問題なのです。シリアからの避難民がドイツや北欧を目指して移動するのはこのためです。

深刻化する難民問題

問3、世界の難民（国内避難民を含む）は二〇一五年末現在、何万人？

A、六百万人　　B、六千万人

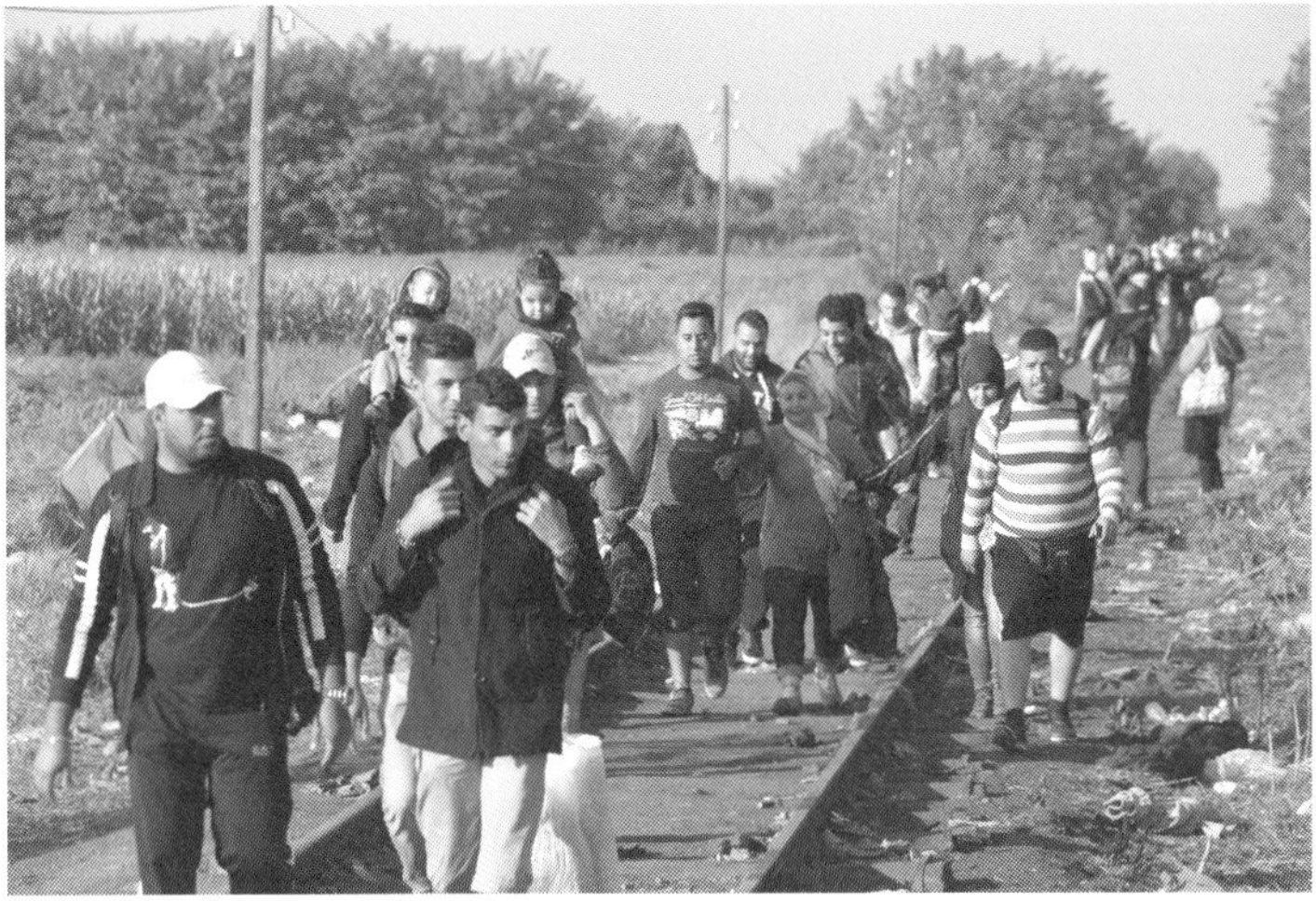

線路沿いに国境を越え、ハンガリーに入ったシリア難民（写真提供：毎日新聞社）

ＵＮＨＣＲは二〇一五年十二月、紛争などで家を追われた難民や国内避難民らの数は六千万人を超えると報告しています。これは「世界中の人々の百二十二人に一人が家を追われたことになる」数であり、過去最多です。

二〇一五年六月発表の「グローバル・トレンズ・レポート２０１４（年間統計報告書）」によると、難民発生が一番多い国はシリアで、次いでアフガニスタン、ソマリアと続きます。

シリア内戦が始まった二〇一一年には八千人だったシリア難民は、二〇一五年

● 難民（国内避難民を含む）数の推移

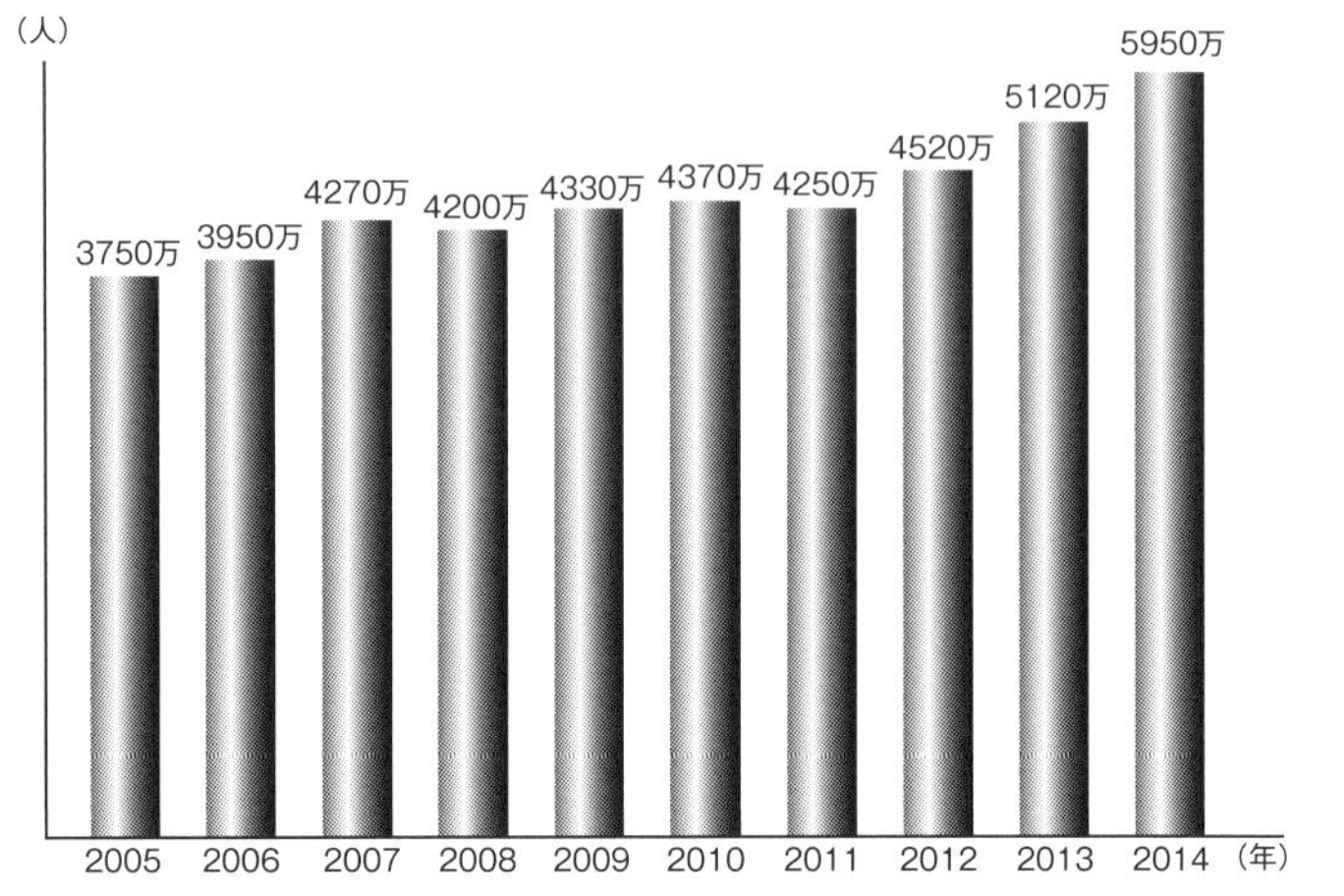

● 難民発生国・上位５ヵ国（2014年末現在）

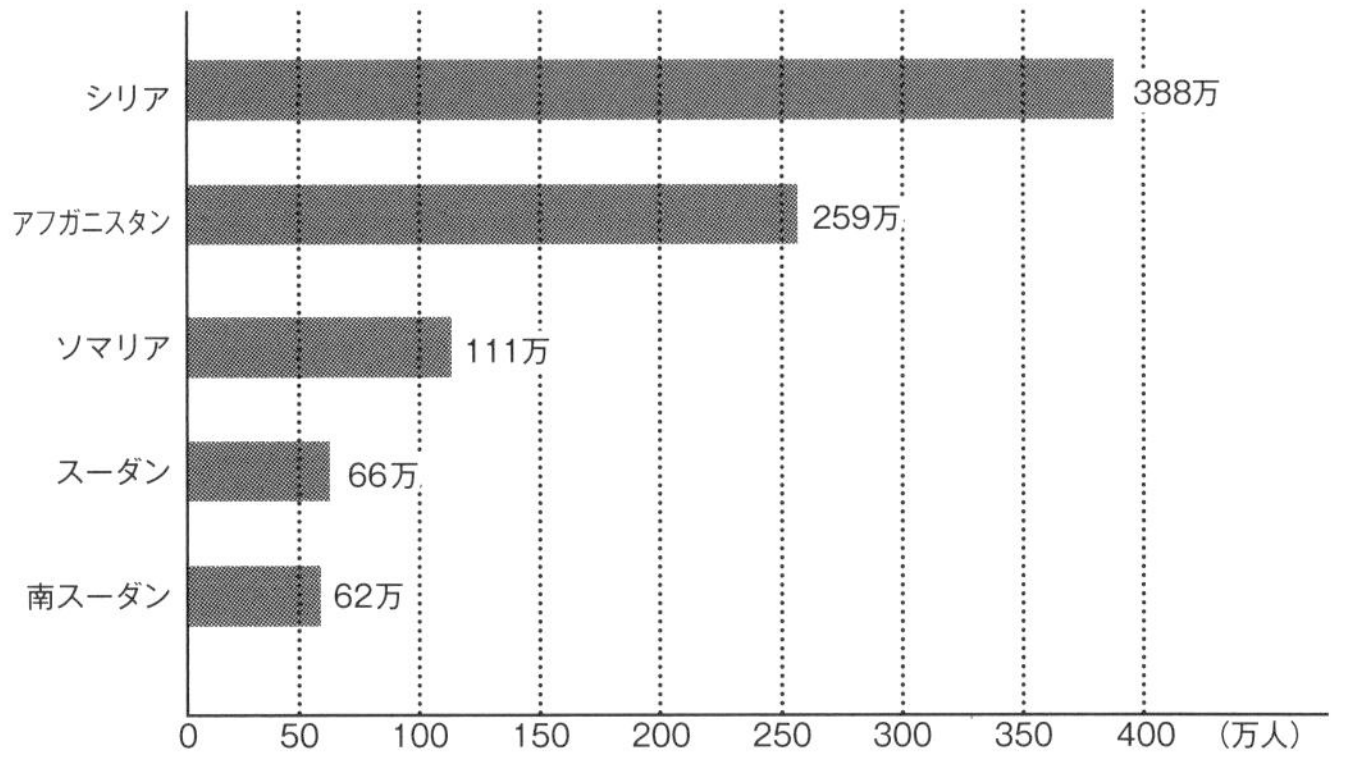

※グラフはともにUNHCR「グローバル・トレンズ・レポート2014」をもとに作成

七月に四百三十万人を超えました。命の危険を顧《かえり》みず、小舟で地中海を渡ってヨーロッパを目指すシリア難民の姿は、日本でも大きく報道されています。

また、国内避難民の数もシリアが最多で約八百万人を数えます。シリアは国民の二人に一人が家を追われるという、未曾有《みぞう》の危機的状況にあります。


問4、難民を最も受け入れている国は?

A、ドイツ　　B、トルコ

二〇一五年、ドイツのメルケル首相が難民受け入れに積極的な姿勢を打ち出したため、多くの難民がドイツを目指しました。そのことで、ドイツの受け入れ数が多い印象がありますが、クイズの答えは「B　トルコ」です。

シリアから隣国トルコに流入した難民は約二百三十万人。実に、ドイツの二倍以上の難民を受け入れていることになります。

そのため、トルコの負担は大きく、エルドアン大統領は国連に対し「国際的責任をトルコだけに押しつけるのは偽善」と不満を訴えています。

欧州域内での難民に対する風向きも厳しくなってきました。二〇一五年十一月のパリ同時多発テロでは、難民に紛《まぎ》れて入国したテロリストが事件を引き起こしたともいわれました。

その他の国でも、難民が起こした犯罪が大きくクローズアップされるなど、難民流入による治安悪化が懸念されています。

そうした状況のなかで、難民の入国制限や国境管理の強化を表明する国が出てきました。まさに難民問題は大きな岐路《きろ》に立っているといえます。

深刻化する難民問題の解決策として、ＵＮＨＣＲは次の三点を挙げています。

①自主帰還

難民が母国へ帰ることです。もちろん、そのためには母国の民主化や安定が不可欠です。

②第一次庇護国《ひご》への定住

A国の難民がB国に避難した場合、そのB国で定住することです。

③第三国定住

A国の難民がB国に避難したが、B国では十分な保護が与えられないので、第三国であるC国へ移動することです。

UNHCRは「自主的帰還が困難な難民の恒久的救済策の一つ」として、第三国定住を推し進めようとしています。

「グローバル・トレンズ・レポート2014」によると、二〇一四年に第三国定住した難民数は十万三千八百人、定住先は二十六カ国にのぼります。最も多くの難民を受け入れているのはアメリカ合衆国で、七万三千人を受け入れています。ただし、難民の総数から考えると、まだまだ少数といえます。

日本も二〇一〇年から第三国定住による難民受け入れを始めました。次の項では、日本の難民政策について解説します。

● 難民受け入れ国・上位5ヵ国（2014年末現在）

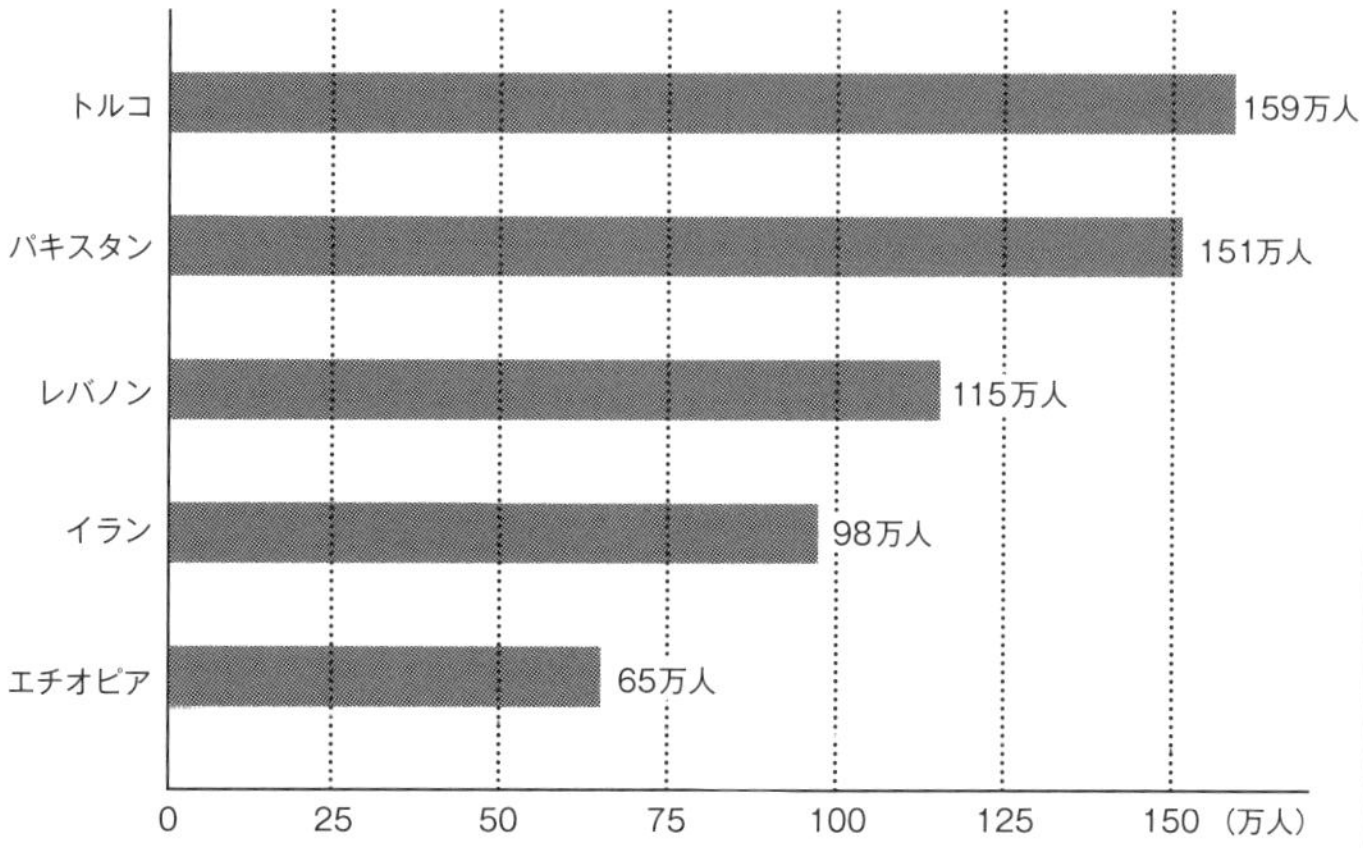

●「第三国定住」受け入れ国・上位5ヵ国（2014年末現在）

アメリカ合衆国	73000人
カナダ	12300人
オーストラリア	11600人
スウェーデン	2000人
ノルウェー	1300人

※上記のグラフと表はUNHCR「グローバル・トレンズ・レポート2014」をもとに作成

日本の難民政策について

不興を買った安倍総理の発言

二〇一五年九月に安倍総理が国連総会で行った難民支援に関するスピーチと、その後の記者会見でのやりとりが、国際的な不興を買いました。

安倍総理は総会の演説において、シリア・イラク難民の問題に対して約八億一千万ドル（約九百七十二億円）の経済支援を実施すると表明しました。

このとき行われた記者会見で、日本は難民の一部を受け入れる考えはないのかと問われた総理は、「人口問題として申し上げれば、我々は移民を受け入れる前に、女性の活躍であり、高齢者の活躍であり、出生率を上げていくにはまだまだ打つべき手がある」と答えました。

このやりとりが「安倍首相、シリア難民受け入れより国内問題解決が先」（ロイター通信）と報じられるなど、日本が難民問題に積極的ではない印象を与えました。

おそらく記者は人道的に受け入れることを検討するのかと聞きたかったはずです。しかし、総理は移民政策による労働力確保の必要性という観点で答えたので、ちぐはぐな受け答えとなってしまいました。

我が国は外国人を初めから定住目的で受け入れる〝移民政策〟は採用していません。高度人材（高度な資質・能力を有すると認められる外国人）や外国人技能実習制度による受け入れにしても、定住ではなく、数年間の滞在で帰国することを前提としています。一方で、難民の受け入れは、母国にやがて帰還することはあっても、定住を前提としますので、その意味では、移民政策の例外にあたります。また、それは労働力確保ではなく、難民条約に基づき、主に人道的見地から実施するものと我が国では判断しています。

私はこの総理の発言を生んだ原因は、国連でスピーチをする前に、難民を受け入れるべきかどうかを国民に尋ね、議論するというプロセスが欠けていたため、記者からの質問に対して、日本がこれまで行ってきた国連機関を通じた難民支援の強化という方針しか打ち出せなかったのだと理解しています。

国際舞台で、日本が難民を受け入れるかどうかを問われたのは、直接的には安倍総理ではありますが、実は国会での議論も煮詰《につ》まらず、政府にそれを明確に求めてこなかった国会議員にも責任があります。これまでの難民問題の議論は、海外にいる難民への支援のあり方が中心で、この点で与党議員の一員として果たすべき役割をあらためて痛感したものです。

日本の難民対策の現状

現在、日本が行っている難民支援は二つあります。

一つは経済支援です。日本は国際機関への拠出（資金援助）を通じて難民を支援してきました。国連などで表明した金額を、日本は約束通りに支払っています。当たり前のように思えますが、言葉通りの金額を実際に支払っている国はあまり多くありません。その点で日本は信頼されています。

難民を受け入れている周辺国への支援も継続的に行っています。前述のようにヨーロッパに避難したシリア難民よりも、周辺国に避難している難民のほうが圧倒的に多数です。周辺国には財政的に豊かでない国も多いため、公平で、継続性のある日本の支援は、ＵＮＨＣＲなどの国連機関や受け入れ各国から高く評価されています。

国際機関と周辺の受け入れ国の双方に、しっかり支援ができているのは、日本の特色であり強みであるといえます。

また資金援助だけが日本の評価を高めているわけではありません。難民支援の現場で汗を流す日本人の存在も極めて大きいです。今日も中東やアフリカのどこかで、ＵＮＨＣＲをはじめとする国連機関や国内外のＮＧＯで働く日本人スタッフが、危険と隣り合わせの地域で、奮闘しています。

また一九九四年には、ＵＮＨＣＲの要請を受けて、日本の自衛隊が国際平和協力法（ＰＫＯ協力法）に基づき、旧ザイールにてルワンダ難民救援活動を行い、このときもUNHCRから高い評価を受けています。

現場の最前線には奮闘する日本人スタッフが何人もいます。決して、〝顔の見えない支援〟ではありません。日本は今後もNGOや国際機関を通じた支援を継続し、強化すべきと思います。


二つ目の難民対策は、難民を日本国内に受け入れることです。この難民受け入れについて、日本は消極的であると指摘されています。

これまで、日本は次の三つのパターンで難民を受け入れてきました。

①インドシナ難民（一九七八〜二〇〇五年）

一九七〇年代後半、政治体制が変わったインドシナ三国（ベトナム、カンボジア、ラオス）から、大量の避難民が流出しました。総数は百四十四万人ともいわれます。なかでも、小舟に乗ってベトナムを出国した人々は〝ボート・ピープル〟と呼ばれ、日本にも多くのボート・ピープルが到着しました。

日本は人道上の配慮およびアジアの安定を理由に、インドシナ難民約一万一千人を政治難民として受け入れました。そのなかの多くが日本に定住しています。

②条約難民（一九八二年〜現在）

日本に入国した人たちが提出した難民認定申請を審査し、難民認定した人を条約難民として受け入れています。一九八二年の制度導入から二〇一五年までの累計で六百六十人が認定されています。

申請者の大半はいったん短期滞在ビザ等で入国してから、東京入国管理局などに赴《おもむ》き難民申請します。

二〇一五年、日本における難民認定申請者は七千五百八十六人でした。日本は海に囲まれているため、数十万単位の難民が押し寄せているヨーロッパなどと比べると、その数は格段に少なかったのですが、近年増えてきており、二〇一五年は前年比五二パーセント増で過去最多になっています。

申請者の出身国籍を見ると、ネパール千七百六十八人、インドネシア九百六十九人、トルコ九百二十六人で、以下、ミャンマー、ベトナム、スリランカが続きます。シリア人の難民申請もありますが、その数は、実は一桁にとどまっています。

このうち難民として認定されたのは二十七人でした。ちなみに二〇一二年の認定数は十八人、二〇一三年は六人、二〇一四年は十一人です。

申請数自体が過去最多になったとはいえ、欧米に比べて少ないのは、地理的な要因があげられます。パスポートと渡航費を工面《くめん》して、わざわざ日本に渡航してくる避難民は限定されます。

それにしても、日本の難民認定数がこれほどまでに少ないのは、なぜでしょうか。それは、なんといっても難民条約を厳格に解釈しているためです。人種や宗教、政治的な理由等による迫害によって国外に逃れた人しか難民と認めず、紛争から逃れた人々は難民には当てはまらないという条約通りの立場をとっています。紛争の場合は迫害とは異なり、収まれば母国に戻れるからです。

難民認定されなかった人たちは異議申し立てができますが、再審査や裁判所での

● 日本の難民認定状況

	2010年	2011年	2012年	2013年	2014年	2015年
申請数	1,202	1,867	2,545	3,260	5,000	7,586
認定数	39	21	18	6	11	27

（人）

● 日本への難民認定申請者の主な出身国籍（2015年）

ネパール	1,768 人
インドネシア	969 人
トルコ	926 人
ミャンマー	808 人
ベトナム	574 人
スリランカ	469 人
フィリピン	299 人
パキスタン	295 人
バングラデシュ	244 人
インド	229 人

※上記の表はともに法務省入国管理局のプレスリリースをもとに作成

審査を含めると、結果が出るまでに平均三年ほどかかるなど、審査期間の長期化が課題となっています。

日本の難民の認定率は低く、〝狭き門〟であると批判されています。しかしながら、申請者の実態を詳細に見ると、外国人研修・技能実習制度でいったん入国してから申請するといったように、就労目的で来日しながら難民認定申請している人も多く、認定率を引き下げています。難民認定されなくても異議申し立て期間中は就労することが可能なので、彼らの多くは却下されるとわかっていながら難民申請をしているのです。

前述のように、紛争から逃れてきた人々の難民認定申請についても、条約に従い却下しているわけですが、人道上、彼らを母国に追い返すわけにはいきません。そのため、法務大臣の人道配慮として「在留特別許可」が出されています。難民とは認めないけれど、一時的に日本で暮らすことを認めるのです。

二〇一五年に難民認定申請した人のうち、「在留特別許可」が出された人は七十九人でした。難民認定されれば定住の権利を得るのに対し、この「在留特別許可」は一年ごとに更新しなければなりません。働くことは可能ですが、政府が実施する日本語研修などの定住支援が受けられないなど、条約難民に比べて受けるサービスに差があります。

二〇一五年四月、公明党難民政策プロジェクトチームは上川陽子法務大臣に、難民認定制度の改善を要望しました。そのなかで真っ先に掲《かか》げたのが「新しい形態の迫害」への対応です。紛争はもちろん、DV（配偶者などからの暴力）、女性性器切除、人権侵害などを理由に避難した人を保護することを求めました。

この要望を受けた形で、法務省は九月に難民認定制度の運用見直し策を示し、そこに「新しい形態の迫害」への対応が明記されました。

また、難民審査の長期化対策として、「日本で働きたい」「借金取りから逃れるため」といった難民認定基準に明らかに該当しない再申請者については、簡易な審査で迅速《じんそく》に処理ができるように見直されました。

一方で、こうした制度見直しが過度な規制にならないように、党として配慮を要請しました。その結果、運用が適正に行われているか否《いな》かを外部の専門家が確認する仕組みが盛り込まれました。大切なのは、真に救済の手を必要としている人たちを、いち早く保護することです。

他にも、認定判断の透明性の向上、審査に関わる人材の確保・育成、UNHCRの協力を得た法務省職員の研修など、法務省の運用見直し策の内容は、我が党が四月に行った提言を反映したものになりました。

日本の新たな挑戦

③第三国定住（二〇一〇年～現在）

UNHCRが推進している方法で、日本では二〇〇八年の閣議了解に基づき、二〇一〇年から第三国定住が始まりました。アジアで初めての取り組みでした。この決定を知ったタイのミャンマー難民キャンプでは歓声が上がったほどで、期待を持って受け止められ、スタートしました。

当初三年間、のちに二年間延長され五年となった試験期間で、タイに住むミャンマー難民を受け入れたところ、八十六人の難民が来日しました。

第三国定住までの流れは次の通りです。

①キャンプで希望者を募《つの》り、UNHCRが希望家族のリストを日本に提出
②面接対象者を決定
③難民キャンプで面接を実施
④健康診断
⑤受け入れ予定者を最終決定
⑥日本語や生活について研修（約一カ月）
⑦来日
⑧「定住者」の在留資格を得る
⑨都内の施設で日本語教育、生活適応指導、職業紹介などを受ける（約半年）

⑩定住先を決定
⑪地域社会での自立・定住生活へ

条約難民と違い、第三国定住には条件があります。単身ではなく家族であること、夫婦がともに働けることなどです。生活保護は想定していませんから、自力で生活できる人が対象となります。その観点から、就労が困難と思われる高齢世代の来日は認められていません。

私も来日した家族から状況を聞き、子どもが通う学校、職場、また受け入れ側の自治体などの視察を行ってきましたが、言葉も習慣も違う日本での生活は、難民にとっても、受け入れる自治体にとっても、思った以上に簡単なことではないとわかりました。

彼らが一番困っているのは、やはり言葉の問題でした。実際に、第一陣として来日し、千葉県で暮らしていた二家族は、言葉が通じないこと、仕事が合わないことを主な理由に東京に移っています。どこの国もそうですが、難民一世の親世代は言葉の面で苦労することが多く、子どもたちが通訳係として親を支えることがよくあります。

一方、三歳ぐらいまでの年齢で日本に来た難民の子どもは、母国語を話すことができなくなる問題もあります。私が留学していたスウェーデンでは、難民の子どもに対し、スウェーデン語だけでなく、母国語も教えるなど、出身民族のアイデンティティを確保する取り組みをしています。

日本の学校に通う難民の子どもは、勉強についていくのに苦労しています。三重県の中学校に通う子の例ですが、特に大変なのは英語の勉強だったようです。日本語が身に付いていない段階にもかかわらず、日本語で英語を学ぶのはとても困難だと話していました。しかし、その子は来日して五年が経ち、高校進学が十分できる学力を身に付けて、生徒会の副会長として、周囲に溶《と》け込んでいる姿を見ることができました。

こうしたことを通して、目下、私は日本語学習支援の強化を訴えています。来日後、半年間の研修期間に限定せず、その後も柔軟に、数年間をかけて学習支援する態勢が必要です。

また、民間の支援団体のなかには、難民の子どもたちに出身国の言葉や文化を教えているところがありますから、そうした民間の取り組みをサポートする必要もあります。

第三国定住者の方からは他に、「生活費が高くて苦しい」「支援期間が一年間では短い」「両親も呼び寄せたい」といった意見が出ていて、日本語教育とともに、金銭教育や消費者教育、子育て、住まい、医療など、あらゆる分野でのきめ細やかなサポートが必要なことがわかります。

「地域に溶け込むことが難しい」「自分たちのことを知ってほしい」という声に応じて、各地で交流の場をつくる努力も行われており、地域の役割はますます重要になってくると思います。

この試験期間で得られた教訓を踏まえ、相談員の態勢強化などの改善が図られています。

現在、第三国定住制度は恒久化され、タイに代わり、マレーシアに住むミャンマー難民を受け入れ始めました。マレーシアに住むミャンマー難民は、キャンプで生活を送っている難民ではなく、町のなかで仕事をし、生計を立てて暮らしている、いわゆる〝都市難民〟なので、日本での生活への適応が早いのではないかと期待されています。

第三国定住制度を運用するにあたり、実際難民を受け入れる地方自治体への支援や連携が大事です。また、この制度は、法律で規定されているものではなく、閣議了解により運用されている政策であり、制度の安定性を考えると、将来的には位置づけを明確化したほうがよいと考えます。

手探りで始まった日本の第三国定住制度ですが、一人の難民を受け入れるのに、大勢の国内関係者のサポートがあることが、おわかりいただけたのではないでしょうか。

東洋英和女学院大学の特別授業で講義する著者（2014年10月）

アメリカの取り組みに学ぶ

私は二〇一二年八月、アメリカの難民制度を視察してきました。

これは第三国定住制度を開始した日本が、難民をどのような方向で受け入れるのか関心を抱いた在京アメリカ大使館が、難民政策に関わりの深い日本の国会議員とNGO職員の二名に、アメリカの実情を見てみないかと打診してきたことがきっかけになっています。

アメリカは政治・経済・社会のさまざまなテーマのもとに、こうした政府の招聘《しょうへい》プログラムを毎年実施しており、日本から政治家、ジャーナリスト、NGO職員、実業家らが研修を受けに行っています。

難民政策においても、アメリカは第三国定住の最大の受け入れ国であり、その制度は質の面で非常に優れています。私は国務省の招聘プログラムに参加して、約三週間の研修を受けてまいりましたが、今後の日本にとって学ぶべき点が多く、有意義な視察となりました。

私が訪問したのは首都ワシントン、ニューヨーク州バッファロー、オレゴン州ポートランド、ミシガン州デトロイトで、連邦政府、自治体、ＮＧＯ、難民当事者を中心にヒアリングを重ねてきました。

そこで驚いたのは、日米における難民に対するイメージの違いです。日本では難民というと「かわいそうな人」「保護が必要な弱い人」というイメージがありますが、アメリカでは非常にポジティブな印象が持たれていました。若者の間では難民に関する仕事をすることはクールでカッコいいという雰囲気もありました。不法移民に対する厳しい眼差しとは異なり、定住難民には非常に肯定的でした。

人道の観点で難民を捉《とら》えている日本に対し、アメリカはそうしたことに加えて外交・安全保障、労働力確保、地域活性化の目的で難民を受け入れているからだと思われます。

たとえば、ニューヨーク州のバッファローはかつて鉄鋼で栄えた街ですが、産業の衰退にともない人口が急減しました。そこで優秀な難民のリクルートを始めたのです。行政から委託《いたく》を受けたＮＧＯが就労支援をしており、工場やホテルなどを中心に、勤労意欲がある難民を歓迎する企業も多く見受けられました。

難民が定住すれば人口減に歯止めがかかり、仕事をして税金を納めてくれれば自治体も助かります。そういう意味で、難民は地域活性化の一つの担い手として位置づけられているのです。

アメリカ政府は「小さい政府」といわれますが、それだけNGOやNPOの役割が大きく、難民に対しても彼らがきめ細やかな支援をしています。

アメリカは第三国定住制度による難民を年間七万人ほど受け入れていますが、彼らをどの州に移動させるかを決めているのは連邦政府と連携したNGOです。出身国のコミュニティーが存在する街に送り出したり、子どもをつれた難民には教育が得意な州を薦《すす》めたりするなど、NGOが深く関与しています。

こうしたNGOの活動を支援するため、連邦政府は手厚い財政支援を行っています。この点でも、日本とは異なります。

ただし、日本と同様に、言葉の習得が大きな課題になっていました。英語ができなければアメリカ社会では暮らしていけません。そこで仕事をしながら英語の講習

2012年8月、難民制度の視察のため訪米。「第三国定住」制度の本格導入に向け、アメリカから学ぶことは多かった。上の写真はミャンマー難民が使うコミュニティーセンター。下の写真はミャンマーからの難民に対し、英語の授業を行っている様子。場所は、いずれもミシガン州（著者撮影）

を受けられるような仕組みができていました。たとえば、ＮＧＯや難民が立ち上げた組織が主催している英語の講習会があり、会社のなかで英語講習を行っている企業もありました。

ともかくも、アメリカでは就労につながる政策をとることに徹しており、自助《じじょ》、共助《きょう》、公助《こうじょ》でいえば、自助に重きを置く国の姿勢が、ここでも垣間見《かいま》られました。日本においても、安定的な就労の継続は大事であり、そのために仕事に就いてからも継続して日本語学習ができる仕組みはもっと強化されなければならないと、あらためて感じました。

警察がＮＧＯと一緒になって難民をサポートしているのも、アメリカの特色です。出身国とライフスタイルが異なるためにトラブルが起きやすく、犯罪に巻き込まれる可能性も極めて高いということで、難民と警察の関係は非常に重要視されていました。たとえば、アメリカでは幼い子どもを家に残して親が外出すれば、児童虐待とみなされるので、そうしたことを知らない難民が犯罪加害者にならないように、地域の警察が文化や制度について難民のコミュニティーに出前講座を行うところもあります。

私が訪れたオレゴン州のある地域は、目下のところ白人が警察官の多数を占《し》めていますが、できる限り多民族の構成にしたいと考えているそうです。

連邦政府のアメリカでは、州によって難民の受け入れに寛容な州とそうでない州とのバラツキがあり、私が訪問した州はいずれも積極的な州でしたから、アメリカ全体をまとめて一概に評価することはできません。また、移民国家のアメリカは日本とは国の成り立ちが根本的に異なるわけですが、それを差し引いても、学ぶべき取り組みは数多くありました。

世界初の「難民決議」

本章の最後に、日本の難民政策に対する私の意見を付け加えたいと思います。

二〇一一年十一月、衆議院と参議院の本会議において、全会一致で「難民決議」が採択されました。これは難民条約制定から六十年、我が国の批准から三十年という節目の年に決議したものです。

この決議で、「（日本は）世界の難民問題の恒久的な解決と難民の保護の質的向上に向けて、アジアそして世界で主導的な役割を担うべきである」「第三国定住プログラムの更なる充実に向けて邁進《まいしん》する」と表明されました。

決議に拘束力《こうそくりょく》はありませんが、立法府の意思を示すものであり、世界で初めての「難民決議」として国際社会でも高く評価されました。

私はUNHCR国会議員連盟の一員としてこの決議の成立に関わりましたが、全会一致で採択したことで、難民問題に対する日本の国会議員の姿勢を示すことができたと思います。

この決議を受けて、二〇一三年二月、私は参議院予算委員会で安倍総理に対し、難民支援の意義について確認しました。

総理からは「難民支援は我が国の外交政策の柱の一つである人間の安全保障を推進する観点から重要」「国際機関やNGO等と連携を強化して、難民支援を継続していく」と答弁がありました。

次に求められるのは具体的な取り組みです。

今後の日本の難民対策も経済的支援や海外での活動が中心になると思いますが、国内受け入れについても着実に取り組んでいくべきだと思います。

他国と比較して、日本はもっと難民を受け入れるべきだと考えている方もいますが、私は人数だけにこだわるのではなく、日本ならではの受け入れ方を模索すべきだと思っています。

長年、難民を受け入れてきた国に比べると、日本は数周遅れで参加したばかりという状況であり、現在の態勢のまま受け入れ数を急に増やしても、難民をかえって不幸にしてしまうのではないかと危惧しています。

ＵＮＨＣＲのフィリッポ・グランディ新弁務官が二〇一六年三月に来日した折、彼と意見交換の場を持つことができました。弁務官は緊迫《きんぱく》するシリア難民問題に関して、日本が条約難民や第三国定住による恒久的定住を前提とする受け入れだけにこだわることなく、一時的保護による受け入れも模索してほしいと訴えていました。

私はシリア難民キャンプを現地視察したことを踏まえて、公明党が提案した留学生の受け入れについて言及したところ、賛同の意を示していただきました。紛争が原因で強制移動を強《し》いられているシリアの避難民に関しては、第三国定住制度だけではなく、留学、職業訓練など、さまざまな形の難民受け入れ支援の可能性を検討すべきだと、あらためて主張するものです。

ヨーロッパでは、難民受け入れ問題は今や国論を二分する大テーマとなっています。日本の人たちも、遠い国の出来事と捉えず、自分の問題として考えていただきたいと思います。そのとき大切にしていただきたいのは、難民の人たちに安心と幸福を保障することです。

学生たちの反応は?

これまで講演会や大学の授業で国内外の難民問題についてお話しする機会がありましたが、母校・京都大学の学生からは、次のような感想が寄せられました。

一番多かった声は、「日本が難民を国内に受け入れているということを初めて知った」「難民認定率がこれほど低いとは知らなかった」というもので、国内に難民がいることをほとんどの学生が知りませんでした。

「初めて聞く話ばかりで貴重な講演だった」といううれしい感想も多かったのですが、多くの学生にとって、難民問題について深く考えるのは初めてだったということでもあります。そして、「これからも難民に対して偏見を持たず理解を深めていきたい」「知ることは最初の第一歩といえる」というように、まずは知ることが大事だという意見が多く見られました。

国内受け入れに関しては、「難民が日本の生活に慣れるよう、地方自治体も協力すべきで、関連した法律も整備していくべき」「先進国・日本は国際貢献の役割をより果たしていくべき」、さらに「国際交流や留学を盛んに行っている私たちの世代なら変えていけるのではないか」という前向きな声が上がりました。

一方、「日本は治安のよさが魅力なので、安易な難民受け入れはよくない」「日本に来ても難民は幸せを感じられるだろうか」「欧米と違って多民族国家でない日本は、難民に関して欧米をまねるべきではない」といった懸念の声もありました。

ある学生は、「難民問題は重大になりつつあり、国民がこの問題について今以上に理解を深め、国内でしっかりと議論する必要がある」と記していましたが、その通りだと思います。

私にとっても、数々の貴重な声でありました。

特に二〇一五年夏以降、ヨーロッパへの難民流入が止まらないという問題がマスコミでも大きく取り上げられるようになり、難民問題については今が議論をする最大の機会であると考えます。

これからも皆様のご意見をうかがいながら、日本にふさわしい難民政策を模索していきたいと考えております。

ご清聴ありがとうございました。

特別対談

今こそ、日本が人道支援の先頭へ！

第3章

鎌田 實

［日本イラク医療支援ネットワーク（JIM-NET）代表］

ベストセラー『がんばらない』の著者として知られる医師・鎌田實氏は、長年イラクでの医療支援に取り組んでいる。ともに難民キャンプの現実を知る両者が、難民問題の今後と日本の取り組みについて語り合った。

谷合正明

［公明党参議院議員］

初日の出を難民キャンプで

谷合　鎌田先生は十二月にイラクの難民キャンプを訪問し、一月四日に帰国されたばかりですね。

鎌田　はい。年越しはイラクでした。一番困っている難民キャンプで初日の出が見られればいいじゃないか、という思いもあって、実は前の年も正月はイラクだったんですよ。

谷合　年に何回くらい行かれているんですか。

鎌田　二〇一五年は四回行きました。イラクに通い始めたのは五十五歳のときですから、十二年目になりますね。

谷合　私もフセイン政権崩壊直後の二〇〇三年にイラクに入り、復興支援に取り組んだ経験があります。

先生は、イラクのどのあたりで活動されているのですか。

鎌田　僕が代表を務める「ＪＩＭ‐ＮＥＴ（日本イラク医療支援ネットワーク）」の事務

局がイラク北部のアルビルにあるので、そこを拠点に活動しています。

アルビルの西側にモスルという街があって、そこは二〇一四年八月からIS（イスラム国）が実効支配していますので、そこには入らずに北のドホークを経由して、シリア国境近くのシンジャールに行きました。

シンジャールは僕が行く三週間前に、ペシュメルガ（クルド自治政府の治安部隊）がISを追い出し、解放されたばかりでした。

かまた・みのる
1948年、東京都生まれ。東京医科歯科大学医学部卒業。74年、長野県の諏訪中央病院に赴任し地域医療に携わる。91年からチェルノブイリ救援活動、2004年からイラクでの医療支援に取り組んできた。現在、諏訪中央病院名誉院長、日本チェルノブイリ連帯基金（JCF）理事長、日本イラク医療支援ネットワーク（JIM-NET）代表。著書に『がんばらない』（集英社文庫）、『「イスラム国」よ』（河出書房新社）など多数。

鎌田實オフィシャルウェブサイト
www.kamataminoru.com/

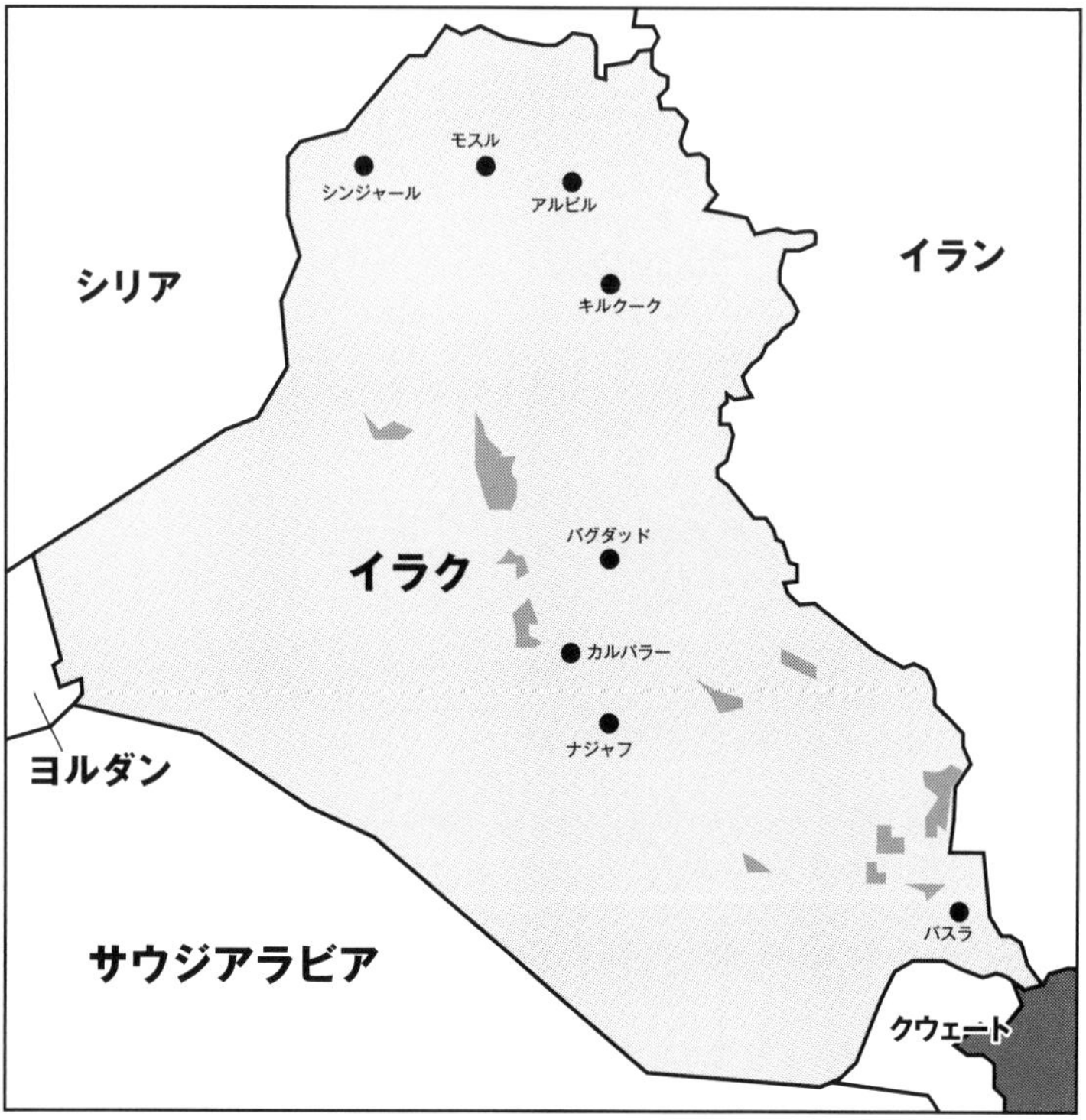
モスル
シンジャール
アルビル
イラン
シリア
キルクーク
バグダッド
イラク
カルバラー
ナジャフ
ヨルダン
バスラ
サウジアラビア
クウェート

イラク地図

谷合 シンジャールといえば、ＩＳが多くのヤジディ教徒を虐殺《ぎゃくさつ》したと世界的に報じられた場所ですね。

鎌田 五千人近くが虐殺されたといわれ、多くの若い女性が性奴隷《せいどれい》として連れ去られました。今も三千人近くが拉致《らち》されているといわれています。

ＩＳの攻撃を恐れた人たちは山に逃げ込み、現在、一万七千人がシンジャール山でテント生活を送っています。

僕たちは自治政府から要請があったミルクとおむつ、女性の生理用品をトラックいっぱいに積んで、彼らがテント生活を送る山に向かいました。シンジャール山のキャンプに入ったのは、日本人として初めてでした。

谷合 キャンプの様子はいかがでしたか。

鎌田 冬のテント生活はとても厳しい。本当は町に帰りたいけど、ＩＳが近くにいる可能性があるので怖くて帰れないと言っていました。また、ＩＳが〝仕掛け爆弾〟や地雷を埋めて逃げたので、町には入れないそうです。

「ＩＳは俺たちの生活をすべて奪った。なぜヤジディ教徒がこんなひどい仕打ちを受けなくちゃいけないんだ」と、ISに対する憎しみを口にする若者もおり、今後、ペシュメルガに入ってISと戦う人が出てくると感じました。

「鎌田屋台」に溢れた子どもたち

谷合　鎌田先生は医師として難民キャンプで診察もされています。私もかつて国際医療ボランティア団体「AMDA」の現地責任者として難民キャンプでの医療支援に携《たずさ》わってきましたが、そのとき強く印象に残ったのは、診療所には必ずしも治療を必要としない人が大勢訪れることでした。

診療所は単に診察の場所であるだけではなく、寄合所《よりあいじょ》のような〝安らぎの場〟でもあるんですね。彼らの不平不満に耳を傾けたり、人生相談を聞いてあげたりすることも大切なことだと思いました。

鎌田　〝生きがい〟が大事なんですよね。僕は難民キャンプの人たちが生きがいを見つけるには、雇用や働く場が必要だと思っています。そこで考えたのが「鎌田屋

台」です。

ある日、アルビルのダウンタウンに行くと、みんな、ナツメのスープにカブを入れたアラブ式のおでんのようなものを食べていたんです。これにヒントを得て、現地で屋台づくりのプロを探して、一台つくってもらいました。

昨年の夏、日本から持ち込んだかき氷の手回し機械と屋台を、ローリンという白血病の少女のお父さんに貸し出しました。二人はシリア難民です。

お父さんには、難民キャンプの子どもたちに一日かき氷を配ったら日当として五十ドル支払うと約束しました。すると、彼はものすごく元気になった。やっぱり働くことって、すごく大事なんです。

一月一日にもソラマメのスープの屋台を出しました。あいにくの雨でしたが、子どもたちが溢《あふ》れるように集まってきました。その様子を見ていた男性が、「日本人はすごいなあ」と近づいてきて、「こんなに子どもたちが喜んでいるのは久しぶりだ。ハッピーニューイヤー」と言ってくれた。うれしかったですね。

谷合　素晴らしい取り組みですね。私が昨年秋に訪れたシリア難民キャンプでも、そこの女性たちが手に職をつけられるように、日本のＪＩＣＡ（国際協力機構）がせっけんづくりや香水づくりを教えていました。現地の女性たちも大変喜んでいるとうかがいました。

鎌田　僕は難民の人たちに、「難民だから助けてもらうのは当たり前だと思わずに、自分よりつらそうな人を見つけたら積極的に助けよう」と話しています。自分がやるべきことが見つかれば、生きる元気が出てくるんですよね。

谷合　自分が必要とされていると実感できることは、本当に大切です。難民にとって一番つらいことは、食料や医療の不足よりも、誰からも必要とされていないとい

難民キャンプの人たちに〝生きがい〟と喜びを与えている「鎌田屋台」の取り組み（2015年12月）

う疎外感であり、希望や尊厳を失うことかもしれません。

鎌田　僕は難民キャンプで「健康づくり運動」にも取り組んでいます。難民キャンプは生きるのがやっとの場所ですから、健康づくりなんて誰も意識していません。しかも、やることがないから、みんなゴロゴロしている。

そこで僕が健康講演会をやって、次の三つを訴えています。野菜を食べること、減塩をすること、そして歩くこと、です。

自分の健康のために、十五分でも二十分でもいいので歩こう。歩いて元気に故郷に帰れるようにしよう、と。そして、最初の一週間を自分のために歩いたら、次の一週間は家族や仲間の健康を祈って歩き、三週間目は宗派や民族の違う人の命も大事だと思おう、と話しています。

谷合　なるほど。健康の話から平和を訴えておられるんですね。

鎌田　最初から平和の話をすると、すぐケンカになるんです。だけど、健康の話から入っていくと、みんな賛同してくれる。

健康の話から命の大切さを語り、命を支えている野菜の大切さを語り、野菜を生み出す大地や自然の大切さを語る。そして、大地や自然を守るためには平和がないとダメだと訴えるんです。すると、「そうだな。日本人、いいこと言うな」って（笑）。

谷合 そうしたこまやかなふれあいは、国連機関や欧米の規模の大きなＮＧＯではできないことですね。

鎌田 日本には日本にしかできない活動があると思います。アラブの世界では日本人は親しみを持たれているし、尊敬されています。

僕たちはイラクで十年以上活動してきましたが、それによって、部族長や宗派の偉い人たちが、「この日本人たちは傷つけちゃいけない」「ＩＳに拉致させたらいけない」と、守ってくれている感じがするんですよ。

人道支援における日本の役割

谷合 私は昨年九月にパレスチナのガザに行ってきました。実は政治家がガザに入るのは本当に難しかったんです。ここ十年以上、各国の政治家が働きかけてきたもの許可されず、例外的に入ったのはベルギーの政治家だけで、私たちが二例目ということでした。

今回、なぜ私たちの入域が許されたのか、イスラエルとパレスチナ自治政府と両方の当局者に尋ねると、その理由は三点ありました。

第一に政治目的ではなく人道目的であること。ハマス（反イスラエルの武装組織）の幹部に会うわけではなく、学校や病院を視察して具体的な支援策を探る目的だと明確に伝わっていました。

第二に日本の政治家であること。日本は中立的で信頼されている。中立ということには価値があると実感しました。

第三に公明党の議員であること。公明党は中東諸国やイスラエル、あるいは国連機関とも結びつきが強い。人道支援や「人間の安全保障」に取り組んでいる〝平和の党〟であると認識されていたのです。

ともかく、中東における日本の存在は非常に重要です。

鎌田　僕も以前、ガザやヨルダン川西岸にも行きましたが、パレスチナ人はかなり

第3章 今こそ、日本が人道支援の先頭へ！
鎌田 實×谷合正明

ガザ地区視察中の著者。UNRWAの清田明宏保健局長（左）、
岡本三成衆議院議員（右）らとともに（2015年9月）

厳しい生活を強《し》いられています。

そこで信頼されているのはＵＮＲＷＡ（国連パレスチナ難民救済事業機関）ですが、その保健局長に日本人の清田明宏先生が就きました。清田先生は大改革を行い、地域と一体になって健康づくりに取り組まれています。僕たちが日本でやっている地域包括《ほうかつ》ケアに近いことをやっているんです。

こうした日本人の感覚が大事なんだと思います。キリスト教系のアメリカやヨーロッパでは、中東の問題はなかなか解決できない。寛容さを持った思想が根底にある日本だからこそ、やれることがあると思うんです。

谷合　私も清田先生には大変お世話になりました。そもそも清田先生がいなければ、ガザ地区での病院や学校訪問もできなかったでしょう。

今回訪問したパレスチナ、イスラエル、ヨルダンでは、清田先生のような国連職員や日本のＮＧＯの皆さんからお話をうかがうことができました。現地で献身的に汗を流している邦人職員の存在もあって、政府高官から難民にいたるまで、日本の人道支援に深く感謝されていました。日本への期待をひしひしと感じ、私も今まで以上に中東和平に尽力したいと、決意を新たにしました。

鎌田 僕は、日本は非軍事を貫き、徹底的に人道支援の道を進んでほしいと思っています。そこにこそ日本ならではの支援の形があり、大きな役割がある気がするんです。

谷合 平和安全法制の議論のなかで、日本が戦争に向かうと不安に感じた方もいらっしゃると思いますが、公明党の主張で専守防衛を堅持するための厳格な歯止めがかけられたと自負しております。また、私は国会審議でシリア内戦問題の解決に向けた日本の取り組みについて安倍総理に質問しましたが、総理は「多国籍軍の後方支援には参加しない。難民支援・人道支援などの平和外交を展開していく」と明確に語っておりました。

鎌田 公明党には〝平和の党〟という看板を守り続けてほしいと思います。政権の動きがおかしいときは、公明党が歯止めをかけなければいけないです。憲法改正など重要な問題も提起されていますが、公明党がキーパーソンです。公明党にはもっとしっかりしてほしいです。

谷合　実際に現場の第一線で平和外交に取り組んでおられる鎌田先生のお言葉だけに重みがあります。真摯《しんし》に受け止めさせていただきます。

人道支援を始めたきっかけ

鎌田　ところで、谷合さんは京都大学の農学部卒業ですよね。国際支援の世界ではめずらしいキャリアだと思うんですが。

谷合　私は農学部でも、開発経済や途上国の農村発展などを専攻していました。高校時代から、アフリカや紛争地域の人道問題に携わりたいという希望を持っていたんです。

大学卒業後、開発コンサルタントの会社を経てNGOの世界に足を踏み入れ、AMDAの職員としてアジア、アフリカの十一カ国・地域で難民支援に従事しました。内戦中のアンゴラなど危険な地域もありましたが、「一番厳しいところで働きたい」と思っていましたので、いい経験になりました。

鎌田先生が国際支援の活動を始めたきっかけは何ですか。

鎌田　長野県で地域医療を長くやってきましたが、青春時代から常に世界を意識して、「せっかく生まれてきたんだから、世界の役に立ちたい」と思ってきました。

その思いで、二十五年前からチェルノブイリの救援活動を行ってきました。イラクに関わったのは二〇〇三年のイラク戦争がきっかけです。僕はどんな理由があれ、すべての戦争に反対です。当然、イラク戦争にも反対を表明していました。しかし、結局戦争が始まってしまった。

その現実を前に、「しょうがない」とあきらめるのは嫌な性分《しょうぶん》なもので、医師として、せめて戦争で傷ついた子どもを助けようと思って、イラクへ通うようになったんです。

谷合　私も二〇〇三年にイラクのバグダッドや南部のバスラを訪れ、子ども病院や総合病院の小児病棟を回りました。基礎的な水準は一見高そうに見えましたが、設備更新がなされておらず、疲弊《ひへい》していました。電気や水といったインフラの問題に加え、何より治安の悪化で、厳しい状況でした。

鎌田　まだＩＳは跋扈《ばっこ》していませんでしたが、テロが起こり、日本人も何人か過激派に拉致されていました。

私が勤務していた病院は公立で、僕は公務員だったもので、拉致されたら病院や国に迷惑がかかると思って、五十五歳で退職しました。そして、イラクの白血病の子どもたちの支援を始めたんです。

谷合　私は鎌田先生のような医師ではありませんから、ＡＭＤＡでの私の活動は現地責任者として医療プロジェクトを立ち上げ、現地の政府や国連、医療スタッフを調整するのが役割でした。難民とも向き合う充実した日々ではありましたが、心のなかには、難民を支援することはできても難民をなくすことができない、という思いが募《つの》っていました。

そうした日々のなかで、「地上から難民・貧困・戦争をなくす仕事がしたい」と考えるようになり、政治家を志《こころざ》したんです。

草の根のNGOと政府の役割

谷合　NGOと政治の世界の双方を経験して思うのは、それぞれに役割があり、ともに不可欠だということです。国連機関も大事だし、政府と政府の外交も大事です。それと同時に、柔軟性のあるNGOの草の根の活動も大事。それらが組み合わさっていかないといけません。

鎌田先生は政府とNGOの役割について、どうお考えですか。

鎌田　両方大事ですよね。病院やインフラを整備するような政府の援助も必要だし、農業支援や医療支援や健康づくり運動などのＮＧＯの活動も大事。双方がうまくつながっていくとおもしろくなりますよね。

その意味で、この二、三年の僕の大きな目標を話させてもらうと、イラクに骨髄移植センターをつくりたいんです。イラクには骨髄移植センターが一カ所もなくて、移植する白血病の子どもはインドに行っています。しかし、すごく成功率が低い。一昨年は七人がインドに行って四人が亡くなっています。日本だったら九〇％以上が良くなるのですが。

そこで、日本政府の応援をもらって日本が支援した骨髄移植センターをつくるのが目標なんです。空いている建物を使えば、それほど巨額にはならないはずです。

もし日本の応援でセンターができれば、イラク中の白血病の子どもがそこに集まれます。移動が困難な人がいれば、僕たちＮＧＯが運んであげたり、助けてあげたりできる。日本はもっとしっかり人道支援をする必要があります。

谷合　イラク国内で移植ができないとは知りませんでした。鎌田先生のおっしゃる

サンタクロースに扮し、入院中のイラクの子どもたちを見舞った鎌田さん（2015年12月）

ような形で官民の協力ができるといいですね。大切なお話だと思います。応援いたします。

鎌田　現在、僕たちの活動の生命線は「チョコ募金」です。五百円の募金でチョコレートを一缶プレゼントしています。この缶には北海道の六花亭のチョコが十個入っており、パッケージにはイラクのがんの子どもたちが描いたイラストを使っています。

これまでは、この募金ですべての活動費用を賄《まかな》っていたんですが、昨年から政府のN連（日本NGO連携無償資金協力）の資金をいただけるようになりました。それによって薬や医療機器などはN連からの資金で賄い、屋台などの活動に自分たちのお金を回すことができています。

谷合　ＮＧＯ出身で、現場で活動していた国会議員って、実はほとんどいません。ですから、私はＮＧＯの味方を自任して頑張っているつもりです。

鎌田　これまでの日本の支援も素晴らしかったけど、もう一つ壁を越えるには、谷合さんのような若い感覚に期待したいですね。人道支援の世界で日本が先頭を走れるチャンスはあります。日本人の感覚が求められているんです。その先頭を谷合さんに走ってもらいたいですね。

深刻化する人道の危機

谷合　昨年の秋、ＵＮＨＣＲ（国連難民高等弁務官事務所）のアントニオ・グテーレス高等弁務官（当時）と意見交換したとき、「人道が危機に直面している」と話していました。

〝長期化・複雑化・治安の悪化〟によって、支援が難しくなっています。難民の数がどんどん増え、支援者が活動するエリアも非常に危険になっている。外務省も日本のＮＧＯが危険なエリアで活動することに神経をとがらせています。たとえば、外務省が発表している「海外安全情報」の四段階で退避勧告を意味するレベル４の地域で活動するＮＧＯには、支援の資金を出さないというケースもあります。

諸外国のＮＧＯや国連機関に勤務する邦人スタッフは危険な地域でも活動しているのに、日本のＮＧＯの邦人スタッフは退去しなければならないという事態が生じています。

鎌田　そうなんですよね。ただし、僕たちの立場からすると、政府はＮＧＯにもう少し自己決定させてほしい。僕たちは自分たちの安全を守ろうと、必死にいろんな情報を集めています。それでも〝万が一〟というのはあるわけです。でも、その〝万が一〟のために活動を止めないではしい。

もしも僕たちが危険な状況に陥《おちい》ったとしても、日本の政府に文句を言うなんてことはしないし、自分たちの責任だと自覚しています。

谷合　人道は今、岐路《きろ》に立たされています。危険な地域にいる人たちを助けたいのに、その地域が危険だから支援者も入れないというジレンマに直面しています。

ＵＮＨＣＲは二〇一五年、難民や国内避難民の数が六千万人を超え、過去最多になったと発表しました。特に欧州諸国は第二次大戦以後、最大の移民・難民に直面しています。

この春（二〇一六年五月）にはトルコで国連人道サミットが初めて開催されますが、難民問題は最大のテーマです。

鎌田　今回、アルビルのダラシャクラン難民キャンプで聞いた話では、千八百家族のシリア難民のうち三百家族が小舟でヨーロッパに出発し、四百家族がすでに密航業者と契約済みで出発を待っているそうです。冬の海は危険が多いので、春を待っている。だから、春になったら、また大量の難民が海を渡ると予想していました。

また、実際に僕たちが現地スタッフとして雇《やと》っていた人も、昨年何人かヨーロッパへ向かいました。通訳をしてもらっていたカバットくんという青年は昨年六月、スウェーデンから連絡をくれました。イラクの難民キャンプにいたのですが、このままではヨーロッパの門が閉じられるかもしれないと思って、密航業者に頼み、トルコからギリシャへ小舟で渡ったそうです。その後、徒歩でドイツを通ってスウェーデンに入ったと言っていました。

僕たちにヤジディ教徒の文化を教えてくれた女性もドイツに行きました。

谷合　ドイツは百万人を超える移民・難民を受け入れています。私は昨年秋にドイツの在京大使や同国与野党の国会議員の話を聞くことができましたが、ドイツ国内にもさまざまな意見があり、互いに議論し、苦しみ悩みながら難民の受け入れと保護をしていると話していました。

日本でも、こうした議論が必要じゃないでしょうか。

鎌田　世界的に難民が大問題になっていますから、日本ももう少し門戸を開いてほしいと思いますが、場合によっては、一定の条件を設けて難民認定してもいいかもしれません。たとえば、難民のなかには医師や看護師をやっていた人もいますから、そういう能力を持っている人は優先的に難民認定したり、一年間研修を積めば日本での医療活動を認めるなど、できることはあると思います。

谷合　シリアから直接日本に難民申請する避難者の数は年間一桁ですが、ただ受け身で待つだけでなく、たとえば、紛争で勉強を続けられなくなった学生などを留学生として受け入れられないか、今、外務省と協議しています。

また、受け入れ数ばかりに注目するのではなく、紛争当事国の国内にとどまっている避難民や、周辺国へ逃れた人々への支援に力を入れるのも重要な役割だと思います。そして何よりも停戦合意や安定化という根本的な解決に向けて、日本が一層の貢献をする必要があります。

鎌田 そうですね。イラクやシリアの難民に話を聞くと、「俺もヨーロッパに行きたいけど、自分の国が好きだから、本当は自分の国で暮らしたい」という人が多いんです。また、このままヨーロッパに難民が増えていくと、欧州各国の負担が大きくなり、それが経済の足を引っ張ることにもなります。つまり、世界にとっていいことではありません。

だから、そうした人たちが母国や周辺国で過ごせるように支援することは、日本ならでは支援の形といえるかもしれません。

ISといかに向き合うか

谷合　最後に、現代の難民問題を考える上でISのことは避けて通れません。ISに対してどう対処するのか。とても難しい問題です。

鎌田　ISが各地の遺跡を壊したら、それは文化財破壊の罪だし、ヤジディ教徒を拉致し、女性を性奴隷にすれば、それは誘拐と強姦の罪です。そうした罪は法に照らして一つ一つ罰する必要があります。また、彼らの資金の流れを押さえるために、一定程度の空爆は仕方ないと思います。

一方で、IS全体を排除するために無差別に空爆をすることには絶対反対です。それではテロリストが地下に潜《もぐ》って世界に広がるだけで、もっと悲惨な状況を生むことになるでしょう。

どんな人間も時に残虐になるのと同じように、素晴らしいことを成し得る可能性も持っています。たとえば、パリの出版社を襲撃したテロリストの一人は、事件数日前に困っている女の子にパンを買ってあげたそうです。

第3章

今こそ、日本が人道支援の先頭へ！

鎌田 實×谷合正明

ヨルダンのザアタリ難民キャンプの子どもたち。
厳しい環境のなかでも、少年たちには笑顔が
（2015年9月／著者撮影）

彼らのなかにも人間の血は流れています。それを信じ、彼らと接し、話し合うことができれば、テロをやめさせることだって可能じゃないかと僕は思っているんです。

谷合　テロは断じて容認されるものではありません。と同時に、根本的には、テロリストが生まれる要因を取り除かないといけません。結局は一人一人の人間を見つめ、人間と人間の関係を結ぶことが大切になるんですね。だからこそ、教育がカギを握るのでしょう。

鎌田　その意味で公明党には期待しています。公明党は常に弱い人の味方でしたし、いろんな文化や考え方、多様な民族・宗教の人たちをも受け入れる寛容さを持っていると思います。その点で、新たな時代にふさわしい日本の役割を明示してほしいと思っています。

谷合　私は政治家として十二年近くを過ごしてきましたが、次第に外交と内政を分けずに、一緒のものとして考えるようになってきました。

先ほど、難民にとって最もつらいのは、誰からも必要とされていないと感じることだと話しましたが、日本国内においても同じで、孤独感や疎外感を感じた先に行きつくのが自殺だと思います。年々減少してきているとはいえ、日本の自殺者数の多さは大問題です。特に十代から二十代という若い世代の死亡原因の第一位が自殺というのは、先進国で日本だけです。

今私は、超党派の若者自殺対策ワーキングチームの座長をさせてもらっていますが、苦しんでいる人に寄り添うという意味では外交と内政は同じで、鏡のようなものだと思います。

難民政策には、その国の人権意識が投影されることはいうまでもありません。難民問題にしっかり向き合う国が国内の社会問題や福祉、人権問題をおろそかにしているはずがありません。

そういった意味でも、私はこれからも難民問題に取り組んでいく決意です。

鎌田　期待しています。

谷合　本日はありがとうございました。

（二〇一六年一月十五日収録）

第4章

一人から始める――私の歩み

難民問題だけでなく、国内の未来ある若者を取り巻く課題にも、光を当てていきたい――。

人道支援の道を志したきっかけ、そして政治家としての決意を記す。

世界に目を向けた少年時代

高校時代に国際支援を決意

私は一九七三（昭和四十八）年四月、埼玉県新座《にいざ》市で生まれました。父はエンジニアで、母は当時、子育てに奮闘していました。

三歳年上の二番目の姉には、生まれたときから心身に重い障害があり、私が生まれたときは、赤ちゃんが二人になったような状態だったそうです。弟の私は順調に成長しましたから、やがて、話すことも座ることもできない姉の面倒をみるようになりました。座らせた姉を背後から抱いて支えてあげたりしましたが、姉の体は大きいので、二人一緒にひっくり返りそうだと、母はハラハラしたそうです。また、私がお菓子を小さく割って口のなかに入れてあげたりすると、のどに詰まらせるのではないかと心配したようです。

姉の存在が、その後の私の人格形成にいかに影響を与えたかは、はかり知れません。私は子どものころから運動が得意で、運動会ではリレーのアンカーを務め、少年野球チームではショートやセンター、中学時代は四番で活躍できるほど、健康で元気いっぱいに育ちました。

私が初めて世界の問題を意識したのは、小学校のころ家にあったベトナム戦争の報道写真集を見たときでした。自分と同じ年頃の手足を失った子どもたちの写真を見て、強いショックを受けました。〝ベトちゃんドクちゃん〟*1の写真も見たはずです。戦争で撒《ま》かれた枯葉剤の影響のせいだと聞いて、「戦争というのは、なんてむごいんだ」──と感じたことを覚えています。

姉の世話を専門病院や施設にお願いできることになった母は、空いた時間を使って、苦しんでいる人たちのためにお返ししたいと、ジャーナリストの道を歩み始めていました。そのため、このような書物や資料は家にたくさんありました。

小学生のころ、沖縄や熊本の水俣《みなまた》の取材に、一緒に連れていってもらったこともあります。メチル水銀で脳神経を破壊され、運動機能に障害を持つ胎児性水俣病の子の痛ましい姿に、姉を重ねていたのだと思います。

両親からは「地球上には、お腹がすいても食べる物がなくて、飢《う》えて死んでいく子がいっぱいいるんだから、好き嫌いはしないの」とよく言われました。将来は「さまざまな理由で、困っている人たちのために働く人間になってほしい」と願っていたようです。

中学生のころのエチオピア飢饉《ききん》のニュースも忘れられません。栄養失調で痩《や》せた子どもたちの写真が大きく報道され、八五年には有名なチャリティソング「ウィ・アー・ザ・ワールド[*2]」が発売されました。

高校に進学してから、私は途上国や紛争地域で仕事をしたいと本気で願うようになり、そのために国連の職員になることを考えて、陸上部のキャプテンを務めなが

＊1　ベトちゃんドクちゃん

1981年、ベトナムで生まれた双子の兄弟。上半身が2つ、下半身が1つという結合双生児で、ベトナム戦争でアメリカ軍が使用した枯葉剤の影響があったといわれた。88年、分離手術が行われた。

＊2　ウィ・アー・ザ・ワールド

1985年、アメリカの著名ミュージシャン45人が「USA・フォー・アフリカ」として集結し、アフリカの飢餓を救う目的で発表したチャリティソング。世界的な大ヒットを記録した。

ら進路を明確に決めて、大学受験に臨みました。

合格した京都大学農学部では、途上国の開発問題を専門的に学ぶために、農業経済を選びました。そのなかで途上国の農村発展論を専攻して、卒業論文では「タイの養蚕《ようさん》」をテーマに、日本のＯＤＡ（政府開発援助）の支援によってどのような経済効果があったのかを調べました。


ところで、京都は街全体に貴重な文化や伝統が息づき、歴史的な建築物や由緒《ゆいしょ》ある庭園、美術品等が溢《あふ》れています。下宿先は銀閣寺や哲学の道にも近く、考えついたのは、アルバイトを兼ねて観光のガイドをすることでした。

京都内の大学生で構成される「京都学生ガイドクラブ」に入りましたが、そこでの講習内容は難しく、大学に入った年の夏休みは目いっぱい、大学入試並みに本格的に勉強しました。

修学旅行の生徒たちを相手に観光バスで、京都の二条城、金閣寺、清水寺や、奈良の法隆寺、奈良公園といったところを案内しました。初めて案内したときは、すごく緊張したことを覚えています。その学校が岡山市立の中学校だったものですから、のちに私が選挙に立候補したときのポスターを見て、「あっ、あのときのバスガイドの人だ」と気づいた方の声も耳にしました。ちなみに、妻はこのときのガイド仲間でした。

のちに世界遺産となった「古都京都の文化財」の数々を間近にすることができた学生時代のこの体験は貴重なもので、政治家としても大いに役立っています。

学問の専門性を高めるために、大学から大学院に進みました。

そこではアフリカ東部の国・タンザニアの食糧流通について研究しました。ちょうど同じ研究室にタンザニアからの留学生がいて、彼からアフリカの食糧事情を聴く機会がありました。アフリカは食糧が不足していると思われがちですが、実際は米やとうもろこしなどの生産量は少なくありません。問題は流通にもあり、食糧流通が十分機能していないために貧しい地域や消費地まで行き渡っていないのではないか。そうした仮説を検証するために、修士論文の調査でタンザニアの農村地域に足を運びました。これが私にとって初めてのアフリカ訪問でした。「一度アフリカの水を飲んだ者は、もう一度アフリカの水を飲みにくる」ということわざがあるようですが、それ以来、今日までにアフリカ八カ国を訪れることになりました。

こうした研究を通し、より効果的な途上国支援のあり方について自分なりに考えを深めていきました。

当時、都内で下宿する大学生の多くは、学年が上がるたびに家賃の高い部屋に移るという話を聞きましたが、京都の学生はなぜか、入学時の下宿先より、卒業時の下宿先のほうが安い家賃の部屋を選ぶ者が多く、私も例外ではありませんでした。二回ほど下宿先を変えましたが、そのつど質素なところに移り、下宿代を浮かしていきました。

いずれも大家さんは下宿する学生をとても大事にしてくれて、これも京都の風土ではなかったかと、のちに気づきました。

スウェーデンに交換留学

初めて訪れる外国というのは、その後の人生に大きな影響を与えるといわれていますが、私にとっての初めての海外は、大学二年生のときのインドとネパールでした。五週間、リュック一つのバックパッカーの旅でした。

当時のインドの街には物乞《ものご》いをする人がたくさんいて、到着した日に、五人ぐらいの母親と子どもの集団にいきなりリュックを開けられる体験をしました。物乞いする人がまさか襲ってくるとは思っていなかったので、ショックでした。幸いなことに、別の裕福なインド人に助けてもらいましたが、「彼らは自分たちと違うインド人だ」との差別的な言葉に、さらに強いショックを受けました。まさに、インドの階級社会と、貧富の差を目《ま》の当たりにした体験でした。

海外で働くには、専門性と同時に語学力が欠かせません。語学力習得のためにもかなりの時間を割《さ》きました。

大学院時代には、交換留学生として、スウェーデンの国立ウプサラ大学経済学部に入学しました。ウプサラ大学は北欧最古の大学で、京都大学と交換留学制度を締《てい》結《けつ》したばかりでした。人道先進国のスウェーデンは経済と福祉が両立していて、私がぜひ学びたいと願っていた国で、運よく京都大学からの交換留学生第一号として一年間、スウェーデンで学ぶことができました。

首都ストックホルムから電車で北に向かって四十五分。人口十四万人の、古い歴史を誇る街・ウプサラにあるウプサラ大学は、キャンパス全体が公園のように美しく整備されていて、静かで落ち着いた大学でした。ノーベル賞受賞者を多数輩出しており、有名な植物学者リンネもその一人です。

ノーベル賞授賞式に学生代表で参加することができたのも、スウェーデン留学なればこその体験でした。

冬はほとんど暗闇の世界で、花火は冬のものという現地の習慣も納得できました。夏は逆に白夜の世界。夜十時を過ぎても、北欧特有のやわらかい太陽の光のもと、戸外の芝生でわいわい賑《にぎ》やかに食事するというのが彼らのスタイルでした。

スウェーデン・ウプサラ市の冬の風景（写真：News from Sweden ／ PIXTA）

私のいた学生寮は、五人が一組のユニットで、それぞれに個室が与えられ、キッチンとトイレ、シャワーが共同でした。五人の男女比は無頓着に構成されていて、五人全員が男子のところもあれば、全員が女子のところもありました。日本の学校で、男女別の名簿で育った世代からすると、学生生活における男女のこだわりのなさにびっくりしました。

スウェーデンの人は障害者や高齢者に対して、配慮はしますが、差別はしません。車いすの方が一人、町でショッピングを楽しみ、レストランで食事をしている光景は、決してめずらしいことではありません。首都ストックホルムの町中の図書館に入ってみたら、入り口の一番近いところに、点字図書がたくさん並んでいて驚きました。

一方で、王族や政府要人に対しても国民が普通に接しているようで、気軽に話しかけた相手が国王だったというようなエピソードもよく耳にします。

信号のない横断歩道に立てば、必ずといっていいほど車が停《と》まって、どうぞ、と合図をしてくれます。

弱者に対して配慮しながらも、公平・平等に接する社会のあり方には感銘を受けました。

大学の授業は英語でした。スウェーデン人は英語が流暢《りゅうちょう》な国民なので、スウェーデン語を話せなくても生活に困らないのですが、せっかくの機会だからと思い、スウェーデン語講習にも通いました。最初に習った言葉が、なんと〝離婚〟でした。「今日は、離婚したカップルが、子どもたちと一緒に団欒《だんらん》する日」という設定から始まるテキストでした。

アフリカのスーダンを支援する勉強会にも参加しましたが、中心的に活動している学生の多くがスーダン出身の移民や難民の子弟でした。祖国のために役立ちたいと真剣に取り組んでいる彼らの姿に触れて、私のような日本人が付け焼刃《やきば》の知識でアフリカ支援を志《こころざ》すなんて、底が浅かったと反省しました。このときの思いは今も忘れません。

紛争地域とは正反対の、福祉・人道先進国であるスウェーデンで勉強できたことは、その後の思考に大きな示唆を与えてくれました。

京都大学大学院で修士号を取得した後、名古屋に本部がある国連地域開発センターでのインターン研修を経て、都内のODA開発コンサルタントの企業で働き始めました。しかし、この会社は業績悪化にともない、一年も経たずに、社長と秘書だけを残し従業員が全員リストラされることになり、私も失職しました。

しかし、これがかえって幸いし、再就職活動をしているときに、岡山県に本部を置く国際医療ボランティア団体「ＡＭＤＡ（アジア医師連絡協議会）」と出合うことになったのです。

二〇〇〇年一月からＡＭＤＡで念願だった途上国の現場での活動が始まりました。

AMDAで現場主義を学ぶ

内戦中のアンゴラに赴任

ＡＭＤＡは紛争地域や被災地に医師や看護師を派遣して緊急人道支援を行っている団体で、私の仕事は現地調査を行い、診療所づくりのコーディネートをすることが主でした。

国連難民高等弁務官事務所（ＵＮＨＣＲ）が難民キャンプを設置すると、医療、食糧、水・衛生、住居といった各分野で事業を実施するＮＧＯと契約を結びます。私は、ＮＧＯ「ＡＭＤＡ」の先遣隊《せんけんたい》として現地に行って事業計画書を書き、国連の仕事を取ってくるということをしていました。

国連と契約を結べば、医師や看護師を岡山の本部から派遣してもらいます。医師や看護師は日本人に限ってはいません。ＡＭＤＡの支部があるバングラデシュやネパールの医師とも一緒に仕事をしました。また、難民の言葉や習慣をよく理解している現地スタッフなくして事業は成り立ちませんので、多くの派遣先で、事務員や医療スタッフを現地採用で揃えます。こういった労務管理は骨が折れますが、大切な仕事です。

ＡＭＤＡで教わったのは「何かあれば、すぐに現地に行く」という現場第一主義です。ＡＭＤＡ入社後、初めて赴任《ふにん》したのはアフリカのザンビアでしたが、就職からわずか一カ月後、何もわからない時期のことでした。約一カ月間、首都ルサカのスラム街にコミュニティー農園をつくるための調査を任されました。

ザンビアの次は、アフリカ大陸の南西部に位置するアンゴラに先遣隊として赴任して、国内避難民のための州立病院の再建をすることでした。現地の公用語であるポルトガル語も話せない状態でしたが、現地駐在代表として、国連と契約し、病院を復旧する仕事を託されたのです。

当時のアンゴラは私がこれまで訪れた国のなかで、最も厳しく、危険な国でした。

AMDA時代、パキスタンのアフガン難民キャンプにて（2001年10月）

一九七五年の独立以来、政府軍と反政府ゲリラの内戦が続き、約三百万人が国内避難民になっていました。二〇〇二年四月に和平合意が成立しましたが、私が訪問した二〇〇〇年は内戦の真最中で、戦災孤児のための学校を運営する欧州のNGOが反政府ゲリラに襲われ、子どもたち数十人が誘拐される事件がありました。その学校にはよく知っている日本人女性が勤めていたのですが、ゲリラから「これは内戦なので、お前たちは関係ない」と言われて外国人として残され、子どもたちだけが誘拐されてしまいました。ゲリラは、子どもたちを荷物運搬用の労働力にするために誘拐したのです。のちにこの日本人女性スタッフに頼まれ、子どもたちの顔写真を日本のテレビ局に持参し、ニュースとして流してもらうことで、捜索の応援をお願いしたこともありました。

十一カ国・地域で現地調整員を務める

病院のある州都ムバンザ・コンゴは、首都ルアンダから飛行機で一時間ほど北に離れたコンゴ民主共和国との国境に近い町です。州都といっても何もなく、ただ崩壊した病院が残っていて、建物も家が数えるほどしかありません。商店はもちろんありません。そこで資材を首都から空輸し、廃墟《はいきょ》となった家を改修し、事務所兼住居として使用しました。

半径数キロ以内しか安全は保障されておらず、それ以外はどこも立ち入り禁止でした。唯一の交通手段であった国連のセスナ機も、陸上からゲリラに撃たれないよう、離陸後、らせん状に上空に上がり、高度を保って、またらせん状に下降して、着陸するといった具合で、そのつど寿命が縮む思いでした。

銃声が聞こえることもめずらしくありません。首都の空港での入国手続きでは外国人だけが別室に連れられ、ライフル銃を持って待ち構えた警察官に賄賂《わいろ》を要求されたことがあります。それ以来、アンゴラに入国するのはおっかなびっくりでした。

また、現地スタッフから給料五百ドルを前払いでもらえないかと頼まれ、理由を聞くと、子どもが学校に入学するには教師への賄賂が必要だからということもありました。長い内戦が人の心を荒廃させたのでしょう。

私は常々、「世界で一番厳しいところで働きたい」と願っていましたので、危険な地域での活動にやりがいを感じていました。しかし、まったく経験のない新人にとって、当時のアンゴラ任務は厳しいミッションであり、自らの経験不足や語学力のなさを痛感する日々でした。

そうしたアンゴラでの経験をバネにしながら、その後の四年間で、十一の国・地域において難民支援に取り組みました。

特に二〇〇一年の後半から赴任したパキスタンのクエッタでの支援活動は、とても忘れられない経験となりました。そこでは、〝九・一一〟のニューヨーク・テロ事件をきっかけにアフガン難民支援に取り組み、現地駐在代表として難民キャンプに診療所を立ち上げ、国連機関からも高い評価を得ました。

現地の人からいただいた感謝の言葉や子どもたちの笑顔にいつも励まされ、仕事の喜びを感じることができた日々でした。

政治家としての志

草の根の精神を忘れずに

人道支援の最前線を歩くなかで、私は「難民を助けることができても、難民をなくすことができない。難民・貧困・戦争の根本原因をなくす仕事がしたい」と考えるようになりました。それは途方もなく大きな目標であり、とてもひとりじゃ出来ないことです。しかし、「ひとりじゃ出来ないことを、一人から始めよう」と心に決めて、政治家を志しました。

二〇〇四年七月の参議院議員選挙に公明党から全国比例区で初出馬し、政治の世界に入りました。三十一歳で、当時最年少の当選でした。

以来十二年、「ひとりじゃ出来ないことを、一人から始める」をモットーに、国内外のさまざまなテーマに取り組んできました。難民問題に関しても、政治家にしかできないことは山ほどあると実感しています。

NGOにはNGOの役割があり、政治家には政治家の役割があります。私はNGO出身の政治家として、NGOで培《つちか》った草の根の精神を忘れずに、政治の世界で働いてきました。

AMDA時代に身に付けた現場主義は、政治家になっても変わっていません。初当選した二〇〇四年の十二月二十六日に起きたのが、スマトラ島沖大地震・インド洋大津波災害でした。死者数は二十万人を超え、観光客も多数犠牲になり、邦人被害は四十人の死亡が確認されました。このときは十二月三十一日にタイのプーケット島へ先輩議員と一緒に駆けつけ、帰国後に当時の小泉純一郎総理に現地の状況を報告しました。総理は、公明党がいち早く現地に駆けつけたことを評価するとともに、「できることは何でもやりたい」と応えました。

二〇〇九年九月にスマトラ島沖で地震が起きた際も、日本の国会議員として最初にインドネシアの現地に入り、報道だけではわからなかった現地の被災状況を調査して、日本政府に対し具体的な支援策を提案することができました。

二〇〇五年には独立前の南スーダンのジュバに、日本の国会議員として初めて足を踏み入れています。安全面から大使館の職員もまだ現地に行くことができなかった時代です。ホテルがないので国連職員と一緒にテントに寝泊まりしました。

現地では、南スーダンで復興支援活動を始めようとするNGOが、すみやかに活動許可を得られるようスーダン政府に要請をしました。また、PKO（国連平和維持活動）で自衛隊が派遣される前に、現地調査を行い、国連側のニーズがどこにあるのかを探りました。

政治家が海外を視察する場合、そのコーディネートを日本の大使館や外務省に丸投げしてしまう人が少なくないようですが、私の場合、公務の視察でなければ、NGOや国連のルートも使い、可能な限り自分で予定を立てています。

二〇一〇年、中米ハイチ地震の現地視察の際は、日本大使館がなく、ホテルなど宿泊施設も壊滅状態になっていました。そこで日本のNGOのネットワークを使い、日本への元国費留学生をコーディネーターにして、現地ハイチ人の家を間借りして、現地視察を続けることができました。

そのようにして訪れてきた南スーダンやハイチは、自衛隊のＰＫＯ部隊による活動現場でもあり、二〇一五年の平和安全法制の国会審議でも具体的な事例として議論された舞台です。

難民の支援を通して現場を知る私の体験を、このときこそ生かす必要がありました。そこで、一九九四年にＡＭＤＡが旧ザイールのゴマでルワンダ難民の救援活動中、群衆にトラックを強奪され、近くで活動していた陸上自衛隊に救出された事件を国会で取り上げました。当時、邦人の救出は自衛隊の任務に入っていませんでしたが、隊長は独断で実行してくれたのです。それを日本のメディアは、憲法違反の疑いがあり、「論議を呼ぶ」と報道しました。

今回、ＰＫＯ協力法を改正することにより、住民の安全確保業務や人道支援活動を展開しているＮＧＯ職員などを守るための「駆けつけ警護」を認め、任務遂行型の武器使用を可能にすることができました。当然だと考えます。停戦合意の条件が

ハイチ地震の際も現地に駆けつけ、日本からの支援のあり方を調査した
（2010年2月／著者撮影）

満たされているのに、目の前で助けを求める人を救えない自衛隊のままでよいというのでは、国際人道支援の現場の実情に向き合えないと思っています。

大多数の国民にとって現場は遠いため、〝戦争法〟などという感情的で拙劣《せつれつ》な反対論に煽動《せんどう》されて、不安を抱いてしまう人がいるのは残念です。

平和構築の支援現場では、NGOや自衛隊、国連などが、同じ地理的範囲で仕事をすることが多くなってきました。それぞれがお互いに意思疎通を図って調整を行うとともに、相互理解を深めて、お互いの任務や能力、時には能力の限界について知ることが求められています。そのような問題認識のもと、国会の審議の場では、平和構築の人材育成の必要性を訴え、安倍総理の同意を得ることができたわけです。

NGOの現場経験が国会論議で大いに役に立っています。

弱い立場の人に寄り添う

国内で津波や地震などの災害が起こったときも、真っ先に被災地に駆けつけています。

二〇一一年の東日本大震災では、数百キロに及ぶ海岸線には爆撃の後のような瓦れきの荒野が延々と続いていました。想像を絶する現場は、やがて被災者の方々の懸命な支え合い、自衛隊、警察、消防、海上保安庁、自治体職員等の各関係者、世界各国からの応援、ボランティアの方々の懸命な救援、復旧作業によって、震災直後の暗闇からかろうじて脱したかに見えました。

しかしながら、数カ月経ったにもかかわらず、被災した幾千幾万の方々が避難所暮らしを余儀なくされていて、「生活資金が足りない」「仕事を失った」「家族や友達とも離れ離れになった」「将来設計が立たない」等々、そこには不安と不満の声が渦巻いていました。

放射能の不安のなか、福島県の子どもたちは高温多湿の梅雨が始まっているのに、長袖を着たままで、教室の窓も開けられない状況も目の当たりにしました。

個人の力はもちろん、市町村でも県でも手をつけられない課題が山積し、国が大胆に動かなければ、何もできません。

そうした課題に公明党は全議員を挙げて取り組みましたが、NGO出身の国会議員として私が腐心《ふしん》したことの一つが、被災地の復興に欠かせない存在となっていた特定非営利活動法人（NPO法人）が息長く活動できるように、法人の財政的基盤を強化することでした。

一九九五年の阪神淡路大震災をきっかけに成立したNPO法でしたが、全国の四万を超えるNPO団体のうち、寄付を集めやすい認定NPO法人は当時二百を超える程度しかありませんでした。被災地で活躍する大半のNPO法人が有給スタッフを十分雇《やと》えるほどの財政状況にないことは、NPO出身者として容易に想像できることでした。

そこで、震災から三カ月後の二〇一一年六月にNPO法を抜本改正し、認定NPOへの要件緩和と、そこに寄付した場合の優遇税制の拡充を図りました。震災に携《たずさ》わる法人を長期にわたりバックアップすることにより、寄付文化が一過性とならないための法改正でしたが、超党派のNPO議員連盟の実務者の一人として、法案作成に携わり、実現することができました。

被災後五年を経た今もなお、十七万四千人を超える人々が避難生活を余儀なくされている東日本大震災では、ますます〝心の復興〟が叫ばれてきています。多額な寄付やボランティア活動に象徴される助け合いや支え合いという日本人の「善意の心」を形にしたこの法整備は、自らの経験が生かされた実績の一つとなっております。

同様に、弱い立場の人、困難な状況に直面している人に寄り添う社会の実現を目指して、目下取り組んでいるのが、休眠預金の活用です。

休眠預金とは、十年以上にわたって引き出しや預け入れなどの取り引きのない銀行口座にある預金で、毎年一千億円程度の額にのぼっています。そのうち払い戻しの申請もなく、そのままになっているものが五百億円から六百億円ありますが、現状では金融機関の雑所得（利益金）として計上処理されています。預金者の保護を担保した上で、この休眠預金を活用できないものかと二〇一三年頃から本格的に検討を進めてきました。

超党派の議員で取りまとめた「民間公益活動を促進するための休眠預金等に係る資金の活用に関する法律案（休眠預金法案）」では、休眠預金を活用する対象分野を、①子どもや若者、②社会生活を営む上で困難を有する社会的弱者、③困難な状況に直面している地域、と定めました。これらを対象とした公益活動の分野は、たとえば青少年の自立支援活動や子どもの貧困問題に取り組む活動など、社会的課題として認知されながらも、政府や行政では手の届きにくい領域であるため、公的な助成金がなかなか行き渡りません。

これらの領域で活動する団体の担い手を、休眠預金活用で支援していくことで、彼らの創意工夫が十分に発揮され、公益活動が促進されるようにと、法案の実現を目指しているところです。

現在、我が国には子どもの貧困問題、消滅可能性都市の問題など社会的課題が山積していますが、人材や財源の不足により、その多くが既存の制度では対応できていません。難民問題のようにあまり光の当たらない分野に取り組んできた経験と着眼点が、NPO法改正や休眠預金活用を目指す原動力となっています。

私は現在、国内においては中国地方や四国地方を中心に活動しています。どの地域よりもいち早く、深刻な人口減少問題に直面している地域です。地方を基盤とする政治家として、中国・四国地方を地方創生のモデル地域にしていくことを目指し、特に女性や若者の活躍推進、中小・小規模企業や農林水産業の振興に全力で取り組んでまいります。

若者の明日を開く

「持続可能な開発のためのグローバル目標（SDGs）」が、二〇一五年九月、国連総会において全会一致で採択されました。これは国連加盟国が、二〇〇〇年以来、開発途上国における貧困や医療、教育などの水準を改善するために取り組んできた「ミレニアム開発目標（MDGs）」を、さらに推進するために、変更したものです。

「ミレニアム開発目標」が開発途上国だけの国連の開発目標だったのに対し、「持続可能な開発のためのグローバル目標」は加盟国すべてが自国の持続可能な開発の目標を決めて、二〇三〇年を目指し、取り組むものです。これは先進国にとっては大きな変更で、日本も貧困や格差問題を、国外だけの問題ではなく、国内の問題としても取り組む必要が出てきたわけです。

ＳＤＧｓ全体は十七の目標で構成されていますが、このうち、貧困、健康、質の高い教育、適切な仕事と経済成長、持続可能な都市とコミュニティーなどは、今まさに日本社会が直面している課題になっています。

グローバル社会になった今日では、これらの課題を国の内と外で切り分けて考え、対処することが難しくなりました。難民問題も、遠くどこかの世界で起きている話ではなく、国内にも存在していて、今後は避けて通ることはできない問題になっています。

二〇〇四年から国会議員として仕事をしていますが、外交と内政は密接に絡《から》むものだということを、昨今はとりわけ強く認識しているところです。たとえば、中国地方や四国地方をはじめ全国各地が直面している少子社会、高齢社会、過疎化などへの対応を考えても、すでに国内だけの問題とも思えず、国連がこのように変化したのは至極《しごく》当然であって、日本としても歓迎すべきことだと考えています。

政策面だけではなく、これは人材面でもいえることで、国際協力の分野で長くキャリアを積んだ人が、日本国内では、なかなか活躍する場がなかったのですが、これからは違います。青年海外協力隊やNGOで途上国の農村開発や地域医療の分野で活躍した専門家が、日本の中山間地域や離島部での地域おこしや、東日本大震災の被災地での復興に、すでに一役も二役も買っている活躍ぶりがそれを物語っています。グローバル人材とローカル人材は、実は表裏一体で、国外、国内で往還《おうかん》する動きがあって、初めて生かされてくるのです。

〝人道の国〟とは、国際社会へ貢献する人道の大国ということだけではなく、光が当たらないような国内の足元の課題にも取り組む人道の国を意味しています。難民問題だけでなく、国内の未来ある若者を取り巻く課題に、政治家として、光を当てなければならないと、一貫して取り組んできたのもそのためです。

二〇〇八年、公明党青年委員長に就任した年に〝リーマン・ショック〟が起こり、日本経済は大きなダメージを受けました。そのころから、高度経済成長期につくられた社会保障制度や終身雇用・年功序列型賃金といった日本特有の雇用慣行など、さまざまな社会システムの歪みが露呈《ろてい》し、そのしわ寄せが若者に集中してきました。〝日雇い派遣〟〝派遣切り〟といった問題が深刻化したため、その後の五年間の委員長時代は、若者の就労、雇用支援に必死で取り組んでまいりました。

その結果、若者就労支援施設の「ジョブカフェ」や、ニート、ひきこもりなど就労困難な若者を支援する「地域若者サポートステーション（サポステ）」、職業訓練とともに給付金を支給し、キャリアアップを図る「求職者支援制度」などが実現しています。

二〇一五年の通常国会で成立した「若者雇用促進法」は、〝ブラック企業〟に罰則を課し、優良企業には支援を厚くするといった法律で、会社の離職率や労働時間など就職活動の指標となる情報の開示を企業に求めるほか、サポステの法的な位置付けを明確にすると同時に、財源を安定的に確保することができました。

第4章　一人から始める――私の歩み

一人一人を尊重し、「人間の尊厳」を守る政治の実現へ――

就労が困難な人にはサポステ、非正規社員の人にはキャリアアップ支援、正社員にはブラック企業対策と、さまざまな立場の人の実情に合わせて、幅広くきめ細かな雇用政策の立案に心を砕いてきたつもりです。

前述のように、私自身、最初に就職した会社が経営不振に陥《おちい》り、失業した経験があります。若者が何度でも挑戦できる社会を目指し、これからも全力を挙げていく覚悟です。

若者の自殺対策も喫緊《きっきん》の課題です。先進国で「十代、二十代の死亡理由の一位が自殺」という国は日本しかありません。日本の若者が、非常に生きづらさを感じている証左といえましょう。二〇一六年の通常国会では、市町村レベルでの自殺対策の取り組みを推進させるとともに、若者の自殺対策の強化を図るため、十年ぶりに自殺対策基本法を改正することができました。私は超党派議員連盟の「若者自殺対策ワーキングチーム」の座長として、法改正に取り組みました。

深刻な悩みを抱える若者のために、相談体制を整備するだけでは手遅れになることが危惧されます。そのため小中学生の段階で自殺予防教育を行い、「生き抜くための教育」を全国的に浸透させる必要があると思います。若者が夢や希望を持てる社会の実現に向け、全力で働いてまいります。

難民問題にしても、若者の生きづらさの問題にしても、共通しているのは、希望や尊厳を失うことの深刻さです。難民にとって一番つらいことは、「誰にも知られない、必要とされていない、忘れられていく」ことだと、くり返し訴えてきましたが、青年政策でも忘れてならないのは、人間として必要とされる存在になるための機会をつくることです。

大学院時代に途上国の農村発展論を専攻し、卒業後、ＯＤＡの開発コンサルタントやＮＧＯで仕事をしてきましたが、当時、農村開発分野のバイブル書として、何度も読んだのが、ロバート・チェンバース氏の『第三世界の農村開発』(明石書店)です。この本の英語の原タイトルは、『Putting the last first』(「弱者最優先に」)で、この言葉が好きです。〝レディー・ファースト〟〝チャイルド・ファースト〟という言葉と同様に、最も後ろに追いやられている人を最優先する社会を目指します。

国連の「持続可能な開発のための目標」の採択文書には、「誰も置き去りにしない」という理念が文言として取り込まれました。「必要とされている実感」「Putting the last first（弱者最優先に）」「誰も置き去りにしない」の言葉に込められた理念を、人道の国・日本の政策づくりに反映し、これからも、人々の苦悩に寄り添いながら、一人の人間の幸福に光を当てる政治、「人間の尊厳」を守る政治を実現してまいる所存であります。

あとがき――緒方貞子さんとの語らい

昨秋、中東訪問の折に、エルサレムにあるホロコースト犠牲者のイスラエル国立追悼記念館ヤド・ヴァシェムを訪れました。日本でいえば、広島、長崎の平和祈念公園のようなところで、イスラエルを訪れる政治家が素通りできない場所です。

そこには、リトアニア勤務だった日本の外交官・杉原千畝《ちうね》氏が、イスラエルから「諸国民の中の正義の人」として顕彰されていました。

折しも、映画『杉原千畝』が日本国内で上映されましたが、杉原氏は第二次世界大戦中、外務省本省の方針に従わず、彼自身の判断で六千人分のユダヤ人避難民の日本通過ビザを発給しました。

当時、敦賀港に着いたユダヤ避難民を温かく迎え入れたのは地元の住民でした。ユダヤ人たちは敦賀での日々を「天国だ」と証言しています。命が救われた子孫は今や世界中に暮らし、数万人に広がっているともいわれています。

日本外務省が杉原千畝氏を正当に評価するようになったのは、一九九一年以降のことです。今、その外務省の大臣応接室の待合室には、杉原氏が発効した「命のビザ」のレプリカが大切に掲《かか》げられていますが、これは二〇〇六年にリトアニア政府から寄贈されたものです。

外務大臣に政策の申し入れを行う際には、いったんその待合室に入ることになるわけです。

昨年秋、前述の中東難民支援の提言を岸田文雄外務大臣に行ったときも、直前に待合室でその「命のビザ」をじっと凝視《ぎょうし》し、中途半端な気持ちで難民支援の申し入れをしてはいけない、意志と覚悟を持たなければならないという強い気持ちになりました。

本年一月、「勇気の証言――ホロコースト展　アンネ・フランクと杉原千畝の選択」の広島展を見学する機会があり、そこで、杉原千畝氏のご親族とも親交を温めることができました。

杉原氏のご親族に、大臣控室の「命のビザ」について話したところ、このことは初めて知ったようでした。

年が明けた二月。国会では平成二十八年度予算案審議に際し、衆参の代表質問が行われ、参議院の本会議では、公明党の山口那津男代表が、私たちの中東難民キャンプ視察を紹介しつつ、外務大臣に提言した内容に即した形で、安倍総理に質問をしました。

山口代表は、「シリアなどから周辺諸国や欧州への難民流出が国際問題化している」「難民支援や社会安定化策など進めるためには教育が極めて重要な役割を果たす」「難民の子どもたちを留学生として日本に受け入れてはどうか」と簡潔に質問をしたわけですが、このときの安倍総理の答弁を、固唾《かたず》をのんで見守りました。

「難民問題は国際社会が一体となって取り組まなければならない重要な課題だ」「その中でも教育は極めて重要な役割を果たすと認識している」「将来その国や地域を担う難民の子どもたちを留学生として日本に受け入れる可能性を検討する」。

この最後の「可能性を検討する」という言葉が総理の口から初めて出されたとき、心のなかで小さくガッツポーズをしてしまいました。

欧州や中東で起きている難民問題の規模からすれば、小さいことかも知れませんが、その日のＮＨＫの昼の全国ニュースで、このやりとりの場面が放映されたわけで、我が国の問題として広く視聴者に伝えられたことは、その意義が受け止められるチャンスだと素直に喜んでしまいました。

国際社会が抱える難民問題にどう関わっていくべきか、杉原千畝にどう学ぶのか。難民に寄り添い十七年経ちますが、自問自答することばかりです。

本書の最終原稿を入稿する直前、幸いなことに、尊敬する緒方貞子さん（元国連難民高等弁務官）に時間をとっていただき、難民問題への思いを直接交わすことができました。

八十八歳というご高齢にもかかわらず、今もＪＩＣＡ（国際協力機構）の特別フェローとしてＪＩＣＡ研究所に通う緒方さんの言葉は、率直で、確信に満ちていました。

「日本は難民の受け入れ政策が貧弱です。島国根性から、もうちょっとオープンにならなければ。

難民は悲惨な人、かわいそうな人というイメージを持っていて、彼らを受け入れることに怖さを感じているんでしょう。

難民を入れたら、際限《さいげん》なく押し寄せると思っているようだけど、そんなことは起きません。日本には（彼らが）頼る親族はいないし、低賃金の労働市場もありません。

人類愛は、多すぎて困ることはありません。これがいざというとき、（国を）守ってもらう武器になります。我が身の安全のためにも、人類愛が必要です。世のなかに虐《しいた》げられた人が増えていくのは危険です」

私がアンゴラに赴任《ふにん》していたころ、国連難民高等弁務官事務所（UNHCR）のオフィスに毎日のように通って、国内避難民の状況について、担当の職員と話を交わしたものです。このとき、世界中から集まってきた国連職員の誰しもが、緒方貞子さんを慕《した》い、尊敬していて、一緒に仕事をしたことを話してくれました。

とにかく、小さな体で紛争地域の現場を歩く緒方さんのことを、百戦錬磨の職員たちが讃嘆していたことに、同じ日本人として誇らしく耳を傾けたことはいうまでもありません。

当時、私は日本人がほとんどいない環境で仕事をしていて、右も左もわからない状況でしたが、NGOの私の立場からしても、緒方さんの存在は光っていて、精神的にも大いに励まされました。

緒方さんの曽祖父にあたる犬養毅氏は岡山県出身の宰相として有名ですし、夫君は日銀の岡山支店長を務めた方です。私が暮らす岡山と縁が深く、緒方さんから果物、魚、米、水がとても美味《おい》しいところだと褒《ほ》められて、いっそう身近に感じることができました。

緒方さんとお会いした日、その翌日の参議院予算委員会で中東難民問題を取り上げることを報告したところ、「うれしいですね。ラジオかテレビで見ます。しっかりやってください」と励まされました。

〝天井のない監獄〟に押し込められたガザの子どもたちが、劣悪《れつあく》な環境にも負けずに、向学心に溢《あふ》れている様子を安倍総理に伝えながら、日本留学の「可能性を検討する」とした先の山口代表への答弁を突っ込んで、「留学、研修、交流事業といったさまざまな手段を活用しながら、中東地域の将来を担う有望な若者を今後も積極的に日本に招いていきたい」とさらに明確な答弁を引き出すことができ、一歩前進との思いを持ちました。

これからも困難に直面している人や、弱い立場に追いやられている人に光を与える社会の実現を目指してまいります。それが「人間の安全保障」に根差す人道主義であって、その「人道」を支え、動かしていくのは、世界の「悲惨」を他人事ではなく、我が事として捉《とら》える心だと確信しています。

ガザの子どもたちが、遠くの日本の震災被災地の復興を我が事として祈ってくれているように。この人間の〝共感〟を原動力とする平和の構築と、一人の人間の幸福に光を当てる政治を実現するために、今後も、粘り強く、行動を積み重ねていきたいと、決意をあらたにしているところです。

なお本書の題名について、緒方貞子さんは、「私なら『人道の国・日本を夢見て』

にしますね。副題の『難民に寄り添い十七年』は素晴らしい。こういう問題に取り組むことは、尊敬します」と話してくださいました。日本が〝人道の国〟になるまでの道のりはなお遠く、現状ではまだ夢物語だというご指摘と受け止めました。緒方さんから、先駆者としての矜持《きょうじ》ある感想を頂戴し、あらためて襟《えり》を正す思いがいたしました。

最後に、この場を借りて、本書の出版にあたり、ご協力いただいたすべての皆様に御礼を申し上げます。

特に、対談の機会をいただいた鎌田實《みのる》先生、ガザ地区へ同行していただいた清田明宏さんはじめUNRWA（国連パレスチナ難民救済事業機関）の皆様、ガザの子どもたちを招聘《しょうへい》し、釜石での凧揚《たこあ》げを企画された白須紀子代表はじめ日本リザルツの皆様、また難民支援の現場と理念を教えていただいたAMDAの菅波茂代表、出版の機会を与えてくださった第三文明社の皆様、ありがとうございました。

忘れてならないのは、一緒に同行した岡本三成《みつなり》議員と秘書の佐藤希美子さん。国際経験豊富な岡本議員には、在京大使らとの人間関係を礎《いしずえ》に、現地でも外交交渉力をいかんなく発揮してもらい、ガザ訪問実現の扉を一緒に開いていただきました。アメリカ創価大学一期生の佐藤さんは、実はアラビア語もできて、現地で素晴らしい写真や映像、会談記録を残してくれました。表紙カバーのガザでの写真もその一つです。岡本議員と佐藤さん、ありがとうございました。

そして、出会ったすべての難民の皆様、ありがとうございました。

二〇一六年三月

谷合正明

谷合正明（たにあい・まさあき）

公明党参議院議員。1973年生まれ。京都大学卒業。同大学院修士課程修了。岡山に本部を置く国際医療NGO「AMDA（アムダ）」に就職し、11カ国・地域で医療支援活動に携わる。2004年、参議院議員選挙に初当選。公明党青年委員長などを歴任。2010年、2期目当選。若者対策や中小企業対策などとともに、党難民政策プロジェクトチーム事務局長として難民問題に取り組んでいる。党中国方面副本部長、同四国方面副本部長、同岡山県本部代表。

人道《じんどう》の国《くに》・日本《にっぽん》を目指《めざ》して
——難民《なんみん》に寄《よ》り添《そ》い17年《ねん》

2016年5月3日　初版第1刷発行
2016年6月6日　初版第2刷発行

著　者　谷合正明《たにあいまさあき》
発行者　大島光明
発行所　株式会社　第三文明社
東京都新宿区新宿1-23-5
郵便番号　160-0022
電話番号　03-5269-7154（編集代表）
03-5269-7144（営業代表）
03-5269-7145（注文専用ダイヤル）
振替口座　00150-3-117823
URL http://www.daisanbunmei.co.jp

印刷・製本　中央精版印刷株式会社

ISBN 978-4-476-03356-4